westermann

Thomas Bartsch, Günter Füth, Nikolaus Janzik, Heidemarie Wanke

Wirtschaftswelt NRW

Geschäftsprozesse im Unternehmen, Personalbezogene Prozesse,
Gesamtwirtschaftliche Prozesse

Arbeitsheft

3. Auflage

AF833264

Bestellnummer 222715

Die in diesem Produkt gemachten Angaben zu Unternehmen (Namen, Internet- und E-Mail-Adressen, Handelsregistereintragungen, Bankverbindungen, Steuer-, Telefon- und Faxnummern und alle weiteren Angaben) sind i. d. R. fiktiv, d. h., sie stehen in keinem Zusammenhang mit einem real existierenden Unternehmen in der dargestellten oder einer ähnlichen Form. Dies gilt auch für alle Kunden, Lieferanten und sonstigen Geschäftspartner der Unternehmen wie z. B. Kreditinstitute, Versicherungsunternehmen und andere Dienstleistungsunternehmen. Ausschließlich zum Zwecke der Authentizität werden die Namen real existierender Unternehmen und z. B. im Fall von Kreditinstituten auch deren IBANs und BICs verwendet.

Zusatzmaterialien zu Wirtschaftswelt NRW, Arbeitsheft

Für Lehrerinnen und Lehrer

Lösungen zum Schulbuch: 978-3-14-222712-2
Lösungen zum Schulbuch Download: 978-3-14-222709-2
Lösungen zum Arbeitsheft: 978-3-14-222721-4
Lösungen zum Arbeitsheft Download: 978-3-14-222718-4

© 2024 Westermann Berufliche Bildung GmbH, Ettore-Bugatti-Straße 6-14, 51149 Köln
www.westermann.de

Das Werk und seine Teile sind urheberrechtlich geschützt. Jede Nutzung in anderen als den gesetzlich zugelassenen bzw. vertraglich zugestandenen Fällen bedarf der vorherigen schriftlichen Einwilligung des Verlages. Nähere Informationen zur vertraglich gestatteten Anzahl von Kopien finden Sie auf www.schulbuchkopie.de.

Für Verweise (Links) auf Internet-Adressen gilt folgender Haftungshinweis: Trotz sorgfältiger inhaltlicher Kontrolle wird die Haftung für die Inhalte der externen Seiten ausgeschlossen. Für den Inhalt dieser externen Seiten sind ausschließlich deren Betreiber verantwortlich. Sollten Sie daher auf kostenpflichtige, illegale oder anstößige Inhalte treffen, so bedauern wir dies ausdrücklich und bitten Sie, uns umgehend per E-Mail davon in Kenntnis zu setzen, damit beim Nachdruck der Verweis gelöscht wird.

Die Seiten dieses Arbeitshefts bestehen zu 100 % aus Altpapier.

Damit tragen wir dazu bei, dass Wald geschützt wird, Ressourcen geschont werden und der Einsatz von Chemikalien reduziert wird. Die Produktion eines Klassensatzes unserer Arbeitshefte aus reinem Altpapier spart durchschnittlich 12 Kilogramm Holz und 178 Liter Wasser, sie vermeidet 7 Kilogramm Abfall und reduziert den Ausstoß von Kohlendioxid im Vergleich zu einem Klassensatz aus Frischfaserpapier. Unser Recyclingpapier ist nach den Richtlinien des Blauen Engels zertifiziert.

Druck und Bindung: Westermann Druck GmbH, Georg-Westermann-Allee 66, 38104 Braunschweig

ISBN 978-3-14-**222715**-3

Das vorliegende Arbeitsheft ergänzt das Schulbuch „Wirtschaftswelt NRW für die Berufsfachschule Nordrhein-Westfalen“ (Best.-Nr.: **222691**). Es umfasst die Lernfelder 1 bis 11 des aktuellen Bildungsplans und damit die Lehr-/Lerninhalte der Bereiche Geschäftsprozesse im Unternehmen, Personalbezogene Prozesse und Gesamtwirtschaftliche Prozesse. Grundlage dieses Arbeitsheftes bildet, wie im Schulbuch, das Modellunternehmen „Mediaworld e. K.“

Die Erarbeitung der einzelnen Lernfelder und -situationen wird durch dieses Arbeitsheft erleichtert. Dazu findet man hier unter anderem:

- Aufgaben zur Erschließung der Info-Texte des Schulbuches,
- vorstrukturierte Bearbeitungs- und Lösungshilfen,
- abwechslungsreiche Arbeitsaufträge unter anderem mit Mindmaps, Zuordnungsaufgaben, Fehlersuche, Lückentexten, Tabellen, Übersichten usw.
- Vorschläge zur Binnendifferenzierung, zum Beispiel durch Expertenaufträge

Im Kapitel „Rechnungswesen“ liefert das Arbeitsheft die Blanko-Vorlagen für die Arbeitsaufträge und Aufgaben im Schulbuch (Inventare, Bilanzen, T-Konten, Grundbuchauszüge usw.).

Zur Orientierung wurden die folgenden Symbole benutzt:

Erarbeitungs- und Lösungsschemata für eine Ausgangssituation („Das ist zu tun“)	!
Erarbeitungsaufgaben zu den Inhalten eines Kapitels	
Vorlagen für Aufgaben aus dem Lehrbuch	

Zu diesem Arbeitsheft ist ein Lösungsheft erschienen (Best.-Nr. des Downloads: **222718**; Best.-Nr. des Print-on-Demand: **222721**).

Die Autoren wünschen gutes Gelingen und viel Freude beim Einsatz des Arbeitsheftes.

LERNFELD 1

Ein Unternehmen gründen und führen

Anforderungssituation 1.1 Unternehmensgründung

Anforderungssituation 1.2 Unternehmensführung

LERNFELD 2

Ein Unternehmen kontrollieren

Anforderungssituation 2.1 Controlling

LERNFELD 3

Güter disponieren und beschaffen

Anforderungssituation 3.1 Beschaffungsmarktforschung und Beschaffungsplanung

Anforderungssituation 3.2 Beschaffungsabwicklung und Logistik/ Bestandsplanung, -führung und -kontrolle

LERNFELD 4

Leistungsprogramm planen und entwickeln

Anforderungssituation 4.1 Leistungsprogrammplanung

Anforderungssituation 4.2 Leistungsentwicklung

LERNFELD 5

Für Kundenaufträge innerbetriebliche Leistungen und Logistik erbringen

Anforderungssituation 5.1 Leistungserbringung und innerbetriebliche Logistik

LERNFELD 6

Käuferverhalten analysieren und einfache Marketingmaßnahmen entwickeln

Anforderungssituation 6.1 Absatzmarktforschung

Anforderungssituation 6.2 Analyse, Einsatz und Kombination absatzpolitischer Instrumente

LERNFELD 7

Kundenaufträge bearbeiten und Auftragsabwicklungen durchführen

Anforderungssituation 7.1 Kundenauftragsabwicklung und Logistik

LERNFELD 8

Personalmaßnahmen entwickeln und personalwirtschaftliche Kompetenzen für den eigenen Berufsweg nutzen

Anforderungssituation 8.1 Personalbedarfsplanung und -beschaffung/ Personalausbildung und -entwicklung

Anforderungssituation 8.2 Personaleinsatz und -entlohnung

Anforderungssituation 8.3 Personalführung, -beurteilung, -erhaltung und -freisetzung

LERNFELD 9

Investitionen und Finanzierungen planen und sinnvolle Entscheidungen treffen

Anforderungssituation 9.1 Investitions- und Finanzplanung, Investitions- und Finanzierungsentscheidung und -durchführung

LERNFELD 10

An der Wertschöpfung einer Volkswirtschaft mitwirken

Anforderungssituation 10.1 Wertschöpfung

LERNFELD 11

Wertströme erfassen, dokumentieren, aufbereiten und auswerten

Anforderungssituation 11.1 Erfassung und Dokumentation von Wertströmen

Anforderungssituation 11.2 Aufbereitung und Auswertung von Wertströmen

Bildquellenverzeichnis

Bock, Guido, Langenhorn: 16.1, 19.1, 48.1, 48.2, 48.3, 48.4, 48.5, 48.6, 49.1, 49.2, 49.3, 49.4, 49.5, 49.6, 69.1, 69.2, 69.3, 69.4, 69.5, 84.1.
DIHK Deutscher Industrie- und Handelskammertag e.V., Berlin: 119.1, 120.1.
fotolia.com, New York: BillionPhotos.com 83.1; Denis Rozhnovsky 95.1; Engel, Jan 12.1; Jan Engel 12.2; Tran-Photography 22.2; Yang, Stefan 56.1.
Hild, Claudia, Angelburg: 129.1.
Kehr, Karoline, Hamburg: 22.1, 58.1.
OKS Group, Delhi: 38.1, 38.2, 72.1.
stock.adobe.com, Dublin: Hurca! Titel.
© Statistisches Bundesamt (Destatis), Wiesbaden: 63.1.

Ein Unternehmen gründen und führen

Anforderungssituation 1.1

2 Persönliche und fachliche Voraussetzungen der Selbstständigkeit

ARBEITSAUFTRAG: **Moritz Wagner möchte sich mit einem eigenen Geschäft selbstständig machen. Dazu muss er jedoch erst einmal herausfinden, ob er hierfür überhaupt geeignet ist.**

Nennen Sie mindestens acht Eigenschaften, die man mitbringen sollte, wenn man ein Unternehmen gründen und führen will, und begründen Sie, warum diese Eigenschaften wichtig sind. Notieren Sie jede Eigenschaft und die Begründung hier:

Eigenschaft:	Eigenschaft:
Begründung:	Begründung:

Eigenschaft:	Eigenschaft:
Begründung:	Begründung:

Eigenschaft:	Eigenschaft:
Begründung:	Begründung:

Eigenschaft:	Eigenschaft:
Begründung:	Begründung:

Eigenschaft:	Eigenschaft:
Begründung:	Begründung:

Eigenschaft:	Eigenschaft:
Begründung:	Begründung:

EXPERTENAUFTRAG: **Übertragen Sie Ihre Notizen auf Karteikarten und halten Sie mit dieser Hilfe eine kurze Präsentation zum Thema „Persönliche Voraussetzungen der Selbstständigkeit".**

Anforderungssituation 1.1

3 Chancen und Risiken der Selbstständigkeit

ARBEITSAUFTRAG: **Moritz Wagner lässt sich seinen Plan eines eigenen Geschäftes immer wieder durch den Kopf gehen. Soll er es wagen oder doch besser nicht? Um sich Klarheit zu verschaffen, trifft er sich mit zwei alten Freunden, Aaron und Ben. Aaron ist strikt dagegen, Ben entschieden dafür, dass Moritz Wagner den Schritt in die Selbstständigkeit wagen sollte. Arbeiten Sie zusammen mit Ihrer Sitznach-**

barin/Ihrem Sitznachbarn. Eine bzw. einer übernimmt die Rolle von Aaron, eine/einer die Rolle von Ben, füllen Sie gemeinsam die Sprechblasen aus: Was könnte Aaron und was könnte Ben sagen? Der „Thesentopf“ unten auf dieser Seite enthält einige (unsortierte) Stichpunkte, die Sie für Ihre Argumentation benutzen können.

Tipp: Markieren Sie zuerst die Stichpunkte, die Sie in Ihrer Rolle benutzen können, bevor Sie die Sprechblasen ausfüllen.

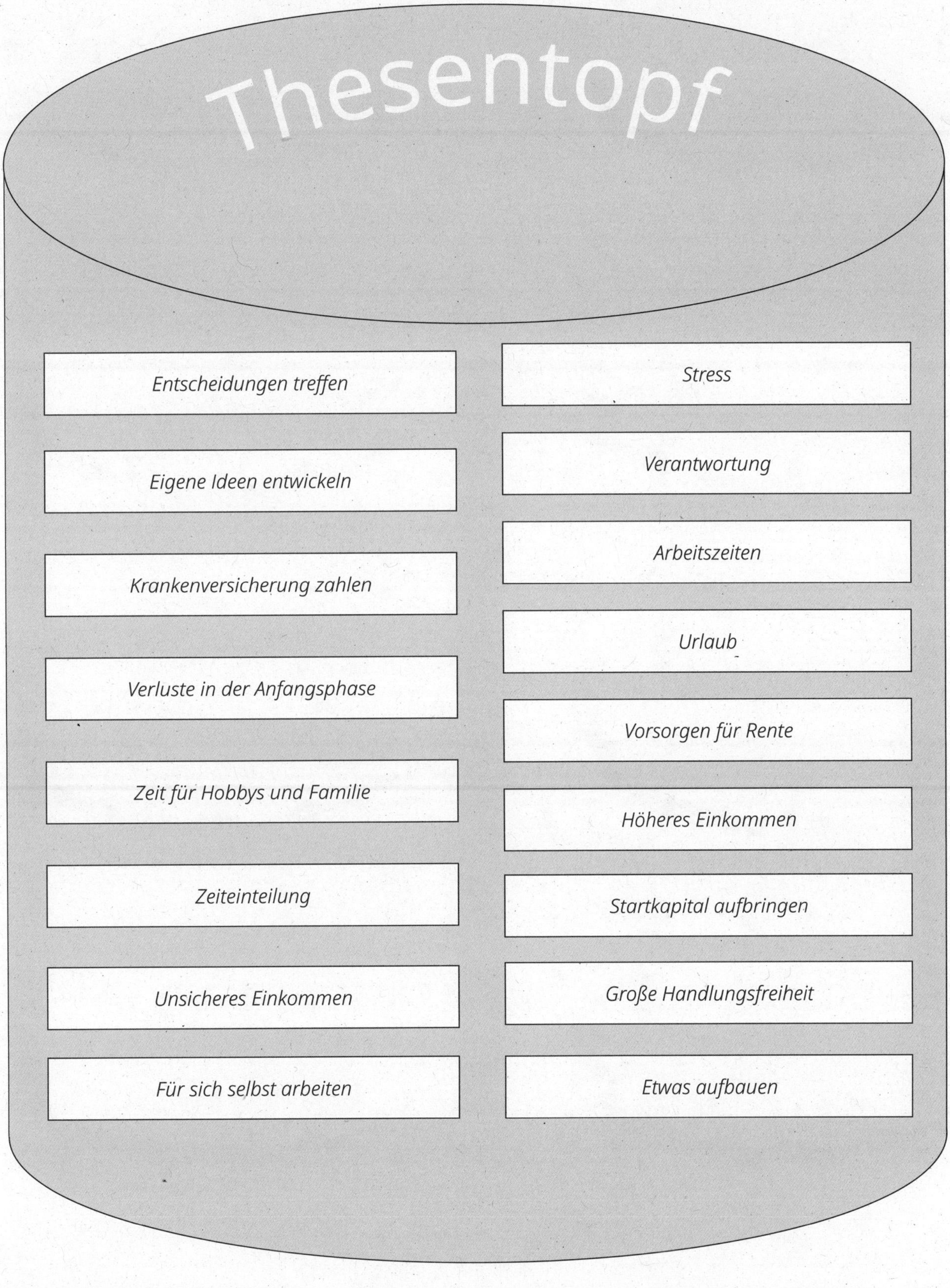

Ben

Du ...

Du ...

Du ...

Du ...

Aaron

Du ...

Du ...

Du ...

Du ...

Anforderungssituation 1.1

4 Notwendige Schritte zur Unternehmensgründung (Checkliste zur Selbstständigkeit)

ARBEITSAUFTRAG: **Moritz Wagner hat sich entschieden und wird den Schritt in die Selbstständigkeit wagen. Daher vereinbart er ein weiteres Beratungsgespräch in der IHK, um sich über die notwendigen weiteren Schritte zu informieren. Im Anschluss an das Gespräch erstellt er eine Checkliste mit den Fragen, die er klären muss, bevor er loslegen kann.**

Helfen Sie Moritz Wagner und ergänzen Sie die folgende Checkliste, indem Sie mithilfe der vorgegebenen Fragewörter die Fragen ausformulieren.

Checkliste – Fragen bei einer Unternehmensgründung
• Welche Produkte bzw. Dienstleistungen möchte ich anbieten?
• Wie viel …
• Woher …
• Welche …
• Wo …
• An …
• Wie …
• Wie …
• Wie viele (und welche) …
• Bei welchen …
• Was für …
• Wie …

EXPERTENAUFTRAG: Viele Punkte hat Moritz Wagner schon geklärt. Stellen Sie fest, welche Ideen er dazu entwickelt hat und erstellen Sie dann eine Übersicht über Moritz Wagners Planung.

Übersicht – Moritz Wagners Planung	
Produkte	Multimedia-Artikel wie HiFi-Geräte und Computerzubehör
...	...

Anforderungssituation 1.1

5 Rechtliche und formale Grundlagen der Unternehmensgründung

Moritz Wagner braucht auch noch einen werbewirksamen Namen für sein Unternehmen. Ihm sind verschiedene Firmenbezeichnungen eingefallen:

Moritz Wagner e. K.

WMW e. K.

Wagner – Ihr Multimedia-Shop e. K.

Multimediashop Duisburg-Huckingen e. K.

ARBEITSAUFTRAG 1: Füllen Sie die Tabelle auf der folgenden Seite vollständig aus:
1. Ergänzen Sie die fehlenden Begriffe, die Sie unten finden (unsortiert).
2. Tragen Sie die oben stehenden Firmenbezeichnungen als Beispiele in die richtige Spalte ein.

eingetragener	Gegenstand	Kommanditgesellschaft
Fantasieprodukt	Handelsgesellschaft	Mischfirma
Firmenausschließlichkeit	Handelsregister	Rechtsform
Firmenbeständigkeit	irreführenden	Personenfirma
AG	mit beschränkter Haftung	Offene
Kaufmann/Kauffrau	GmbH	Gesellschaft

Die Firma			
Firmenarten			
Sachfirma			**Fantasiefirma**
Der Name enthält den _______ des Unternehmens.	Der Name besteht aus Namen von Personen (z. B. dem Namen der Inhaberin bzw. des Inhabers)	Der Name ist eine Mischung aus Personen- und Sachfirma.	Der Name ist ein _______
Beispiel:	**Beispiel:**	**Beispiel:**	**Beispiel:**

Auswahl unter Beachtung der Firmengrundsätze

	Firmenöffentlichkeit		**Firmenwahrheit**
Jede Firma muss sich von den anderen Firmen am gleichen Ort deutlich unterscheiden.	Die Firma muss im zuständigen _______ eingetragen werden.	Die Firma kann bestehen bleiben, wenn die Inhaberin bzw. der Inhaber wechselt, vorausgesetzt, diese oder dieser ist damit einverstanden.	Die Firma darf keine _______ Angaben enthalten.

Weitere Pflicht:

Im Unternehmensnamen muss die _______ genannt werden.

Beispiele:	Mögliche Abkürzung:
	e. K.
	OHG
	KG
Aktiengesellschaft	

ARBEITSAUFTRAG 2: **Moritz Wagner ist mit seinen Ideen noch nicht so ganz zufrieden. Prüfen Sie die folgenden Ideen für eine Firmenbezeichnung dahingehend, ob sie den rechtlichen Regelungen entsprechen oder nicht.**

Das ist doch alles noch nichts, da muss es doch was Besseres geben, wie wäre es denn mit ...

Wagners Multimedia-Gruppe e. K. – klingt doch nach mehr? (Nr. 1)

Oder hier: **Wagner e. K.** – kurz und knackig! Und: Den Namen fand schon jemand gut, ein Herren-Modegeschäft hier heißt nämlich auch so. (Nr. 2)

Alles ganz schön schwierig. Wenn ich die Firma nicht neu gegründet hätte, wär es einfacher. Der Felix Schneider übernimmt jetzt den Betrieb seines ehemaligen Chefs und behält die Firmenbezeichnung **„Rohlfes Rohrreinigung e. K.“** einfach bei und fertig. (Nr. 3)

Also mal weiter überlegen: **Moritz Wagner Computer & Multimedia e. K.**? Hm ... Aussagekräftig oder? (Nr. 4)

Nr. 1:
Entspricht die Firmenbezeichnung den Vorschriften: Ja/Nein.
Wenn „Nein", Begründung: Die Bezeichnung verstößt gegen

....

weil ....

....

....

Nr. 2:
Entspricht die Firmenbezeichnung den Vorschriften: Ja/Nein.
Wenn „Nein", Begründung: Die Bezeichnung verstößt gegen

....

weil ....

....

....

Nr. 3:
Entspricht die Firmenbezeichnung den Vorschriften: Ja/Nein.
Wenn „Nein", Begründung: Die Bezeichnung verstößt gegen

....

weil ....

....

....

Nr. 4:
Entspricht die Firmenbezeichnung den Vorschriften: Ja/Nein.
Wenn „Nein", Begründung: Die Bezeichnung verstößt gegen

....

weil ....

....

....

ARBEITSAUFTRAG 3: **Testen Sie Ihr Wissen – ein Quiz zum Handelsregister. Kreuzen Sie die richtige Antwort/die richtigen Antworten an. Achtung: Es können auch mehrere Antworten richtig sein.**

1. Was ist das Handelsregister?
   - ☐ Ein Verzeichnis der Einzelhandelsunternehmen in einem Bezirk
   - ☐ Ein öffentliches Verzeichnis, das im Interesse der Allgemeinheit geführt wird
   - ☐ Ein Verzeichnis aller Kaufleute in einem Bezirk
   - ☐ Ein Verzeichnis der Einzelunternehmen in einem Bezirk

2. Wo wird das Handelsregister geführt?
   - ☐ Bei der IHK (Industrie- und Handelskammer)
   - ☐ Bei dem jeweils zuständigen Amtsgericht
   - ☐ Bei der Stadtverwaltung
   - ☐ Bei dem zuständigen Finanzamt

3. Was passiert, wenn ein Unternehmen seiner Eintragungspflicht nicht nachkommt?
   - ☐ Dies kann mit einem Bußgeld in Höhe von maximal 500,00 € bestraft werden.
   - ☐ Dies kann mit einem Bußgeld in Höhe von maximal 5.000,00 € bestraft werden.
   - ☐ Es wird dem Unternehmen vom Gewerbeaufsichtsamt die weitere Betriebstätigkeit untersagt.
   - ☐ Es passiert nichts, denn es ist ja nur für das Unternehmen selbst ein Nachteil, wenn es nicht eingetragen ist.

4. Welche Änderung muss im Handelsregister eigetragen werden?
   - ☐ Ernennung einer Prokuristin/eines Prokuristen (Stellvertretende Geschäftsführung)
   - ☐ Änderung der Allgemeinen Geschäftsbedingungen
   - ☐ Änderung der Öffnungszeiten
   - ☐ Änderung der Inhaberin/des Inhabers

5. Welche Aussage über die Abteilungen des Handelsregisters ist richtig?
   - ☐ Das Handelsregister besteht aus den drei Abteilungen, A, B und C.
   - ☐ In Abteilung A sind alle Personengesellschaften eingetragen, in Abteilung B die Kapitalgesellschaften.
   - ☐ Die Mediaworld e. K. wurde in Abteilung B eingetragen.
   - ☐ Jedes Unternehmen bekommt eine Nummer, die mit HRA oder HRB anfängt.

6. Wer könnte sich aus dem Handelsregister die dort eingetragenen Informationen über die Mediaworld e. K. beschaffen?
   - ☐ Nur Mitarbeiter/-innen der Gerichte und Rechtsanwaltskanzleien
   - ☐ Nur Beschäftigte, die ein berechtigtes Interesse nachweisen können, z. B. Geschäftspartner, Banken
   - ☐ Jede Person, die Lust dazu hat (ohne Begründung)
   - ☐ Nur Personen, die eine Genehmigung vom Firmeninhaber vorweisen können

Anforderungssituation 1.1

6 Rechtsformen der Unternehmen

ARBEITSAUFTRAG 1: Kreuzworträtsel zum Einzelunternehmen

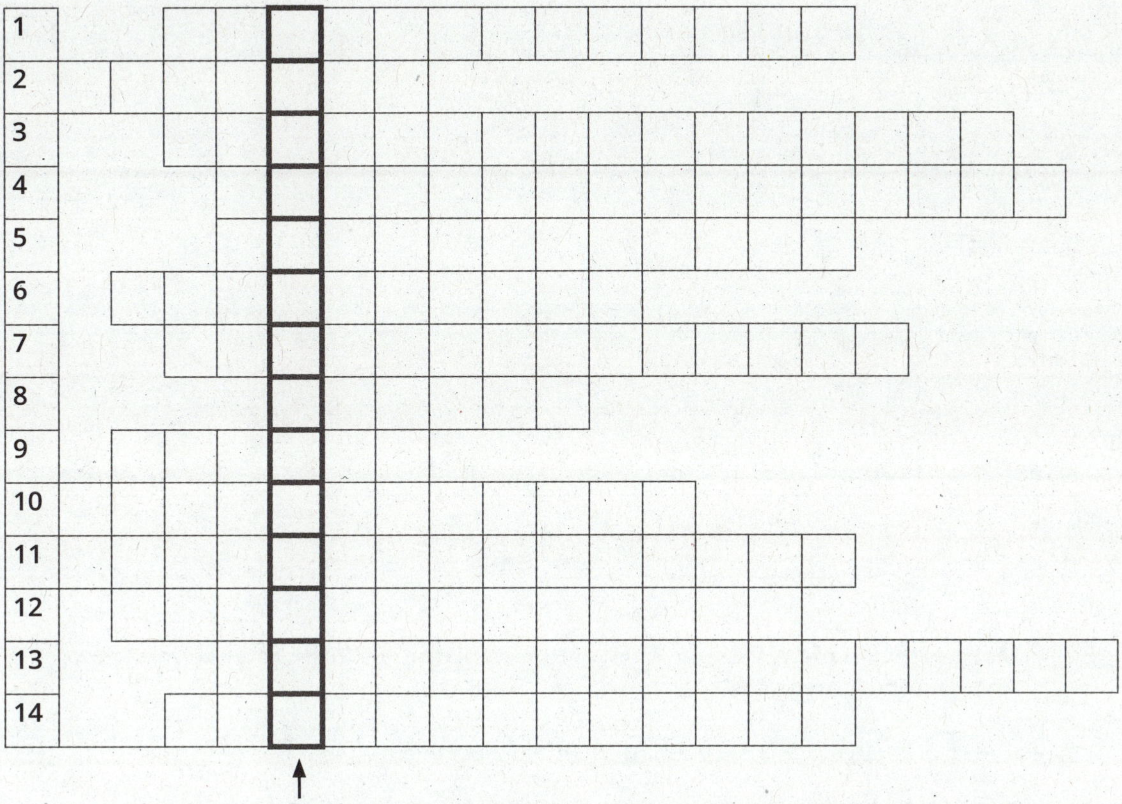

Lösungswort (Tipp: Gibt es beim Einzelunternehmen nicht.)
ä bleibt ä usw.

1. Gegensatz zum Einzelunternehmen: .... unternehmen
2. Muss die Einzelunternehmerin/der Einzelunternehmer aufbringen
3. Es gibt keine für die Gründung durch die Einzelunternehmerin/den Einzelunternehmer.
4. Recht der Unternehmerin/des Unternehmers
5. Mittel zur Finanzierung des Unternehmens, die die Unternehmerin/der Unternehmer selbst aufbringt
6. Weiteres Recht der Unternehmerin/des Unternehmers
7. Auch damit haftet die Einzelunternehmerin/der Einzelunternehmer für Schulden des Unternehmens.
8. „Gehalt" die Einzelunternehmerin/des Einzelunternehmers
9. Von ihnen stammt in der Regel das Fremdkapital.
10. Sie werden von Fremdkapitalgebern verlangt.
11. Schließt die Unternehmerin/der Unternehmer für das Unternehmen ab
12. Häufig gewählte Firmenart
13. Damit haftet die Einzelunternehmerin/der Einzelunternehmer natürlich auch.
14. Wofür steht das „e" in „Mediaworld e. K."?

ARBEITSAUFTRAG 2: Stellen Sie bei den in der folgenden Tabelle aufgeführten Unternehmen fest,

- **was der Rechtsformzusatz ausgeschrieben bedeutet;**
- **in welche Abteilung des Handelsregisters das Unternehmen eingetragen wird: A oder B?**

S. 21

Tipp: Eine Übersicht (Tabelle) mit den Abteilungen des Handelsregisters finden Sie in Ihrem Lehrbuch auf S. 21.

Nr.	Firma	Rechtsform ausgeschrieben	A	B
1.	Lenzen OHG			
2.	Sahin Serkan e. K.			
3.	Reza Tan Designkaufhaus GmbH			
4.	Meisenhaus KG			
5.	JP Elektronik AG			
6.	Türkmen Fitness UG			

ARBEITSAUFTRAG 3: Markieren Sie die richtigen Antworten. Achtung: Es können auch mehrere Antworten richtig sein!

1. Wie nennt man die Beteiligten an einer OHG (fachlich richtiger Begriff)?

a) OHG-Mitglieder	b) OHG-Geschäftsführer/-in
c) OHG-Gesellschafter	d) OHG-Eigentümer/-in

2. Mit wie vielen Personen kann man eine OHG gründen?

a) Es gibt dazu keine Vorschriften.	b) Man braucht mindestens zwei Personen.
c) Es dürfen höchstens vier Personen sein.	d) Es dürfen höchstens zehn Personen sein.

3. Welche Formvorschriften gibt es für die Gründung einer OHG?

a) Eine bestimmte Form ist nicht vorgeschrieben, ein Handschlag würde ausreichen.	b) Es muss ein schriftlicher Gesellschaftsvertrag abgeschlossen werden.
c) Der Vertrag muss notariell beglaubigt werden.	d) Der Vertrag muss notariell beurkundet werden.

4. Welche Vorschriften gibt es für die Firma einer OHG?

a) Keine.	b) Der Name mindestens eines Gesellschafters muss enthalten sein.
c) Die Firma muss den Rechtsformzusatz OHG (ausgeschrieben oder Abkürzung) enthalten.	d) Die Firma muss eine Personenfirma sein.

5. Welche Aussage kennzeichnet die Haftung der OHG-Gesellschafter richtig?

a) Jeder Gesellschafter haftet für die gesamten Schulden der OHG.	b) Jeder Gesellschafter haftet für seinen Anteil an den Schulden der OHG.
c) Die Gesellschafter haften nur mit ihren Einlagen.	d) Jeder Gesellschafter haftet mit seinem gesamten Vermögen.

6. Wer darf nach der gesetzlichen Regelung für die OHG Verträge abschließen?

a) Jeder Gesellschafter kann allein gültige Verträge für die OHG abschließen.	b) Alle Gesellschafter müssen zusammen unterschreiben.
c) Mindestens zwei Gesellschafter müssen zusammen unterschreiben.	d) Ein Gesellschafter kann allein unterschreiben, wenn es sich um Verträge unter 100.000,00 € handelt.

7. Wie lautet die gesetzliche Regelung zur Gewinnverteilung richtig? Jeder Gesellschafter bekommt

a) ... den gleichen Anteil am Gewinn.	b) ... zunächst 4 % des Gewinns, der Rest wird nach Köpfen verteilt.
c) ... zunächst 4 % seines Kapitalanteils, der Rest wird gleichmäßig verteilt.	d) ... zunächst 5 % seines Kapitalanteils, der Rest wird nach Köpfen verteilt.

8. Wie ist die Geschäftsführung in der OHG gesetzlich geregelt?

a) Alle Gesellschafter sind zur Geschäftsführung berechtigt und verpflichtet.	b) Ein Gesellschafter muss (im Gesellschaftsvertrag) als Geschäftsführung bestellt werden.
c) Es kann auch ein Dritter (Nicht-Gesellschafter) als Geschäftsführung bestellt werden.	d) Die Gesellschafter haben keine Geschäftsführungs-, sondern nur die Vertretungsbefugnis.

ARBEITSAUFTRAG 4: **Kreuzen Sie an, ob die folgenden Aussagen zur KG richtig oder falsch sind.**

Nr.	Aussagen	Richtig	Falsch
1.	Die Abkürzung KG bedeutet „Komplementärgesellschaft".		
2.	In Gegensatz zur OHG haben die Gesellschafter bei der KG nicht die gleichen Rechte.		
3.	Man braucht für die Gründung einer KG mindestens drei Gesellschafter, einen Komplementär und zwei Kommanditisten.		
4.	Die Kommanditisten haften nur mit ihrer Einlage, die Komplementäre auch mit ihrem Privatvermögen.		
5.	Die Komplementäre führen die Geschäfte der KG.		
6.	Die Kommanditisten vertreten die KG nach außen.		
7.	Nur die Komplementäre haben Anspruch auf einen Anteil am Gewinn.		
8.	Die Verteilung des Gewinns erfolgt genau wie bei der OHG.		
9.	Die gesetzliche Verzinsung des eingebrachten Kapitals liegt bei 4 %.		
10.	Verluste werden vom Kapital der Gesellschafter abgezogen.		
11.	Wenn Moritz Wagner eine KG gründen würde, müsste er als Komplementär auf seine unternehmerische Entscheidungsfreiheit weitgehend verzichten.		

EXPERTENAUFTRAG: **Erstellen Sie ein Kreuzworträtsel zur OHG/KG.**

ARBEITSAUFTRAG 5:

1. **Ergänzen Sie die folgende Lernkartei zur GmbH und zur AG, indem Sie die Karten vollständig ausfüllen.**

   Die Karten bieten aber noch weitere Möglichkeiten:

2. **Hören Sie sich gegenseitig mithilfe der Karten ab.**
3. **Erstellen Sie weitere Karten für die noch fehlenden Rechtsformen.**
4. **Wenn Sie dies für zwei weitere Rechtsformen gemacht haben, können Sie mit den Lernkarten auch eine Variante von Uno spielen: Alle, die mitspielen, bekommen jeweils sieben Karten, der Rest wird auf den Stapel gelegt, die oberste Karte wird abgenommen. Der/Die Jüngste (Älteste ...) fängt an, abzulegen, danach geht es im Uhrzeigersinn weiter. Abgelegt werden können Karten mit der gleichen Rechtsform (GmbH auf GmbH) oder mit dem gleichen Merkmal (Haftung auf Haftung). Wer nicht ablegen kann, muss eine Karte ziehen. Gewonnen hat, wer zuerst keine Karten mehr hat. Aber: Wenn man die vorletzte Karte ablegt, muss man „UNO" rufen, sonst muss man wieder eine Karte ziehen. Zusätzlich können Sie Strafkarten anfertigen (z. B. zwei Karten ziehen, einmal aussetzen) oder bestimmte Karten als Strafkarten definieren.**

EXPERTENAUFTRAG: **Erstellen Sie ein Kreuzworträtsel, ein Quiz oder eine Aufgabe mit richtigen und falschen Aussagen zur GmbH und zur AG.**

GmbH *GmbH* **Anzahl der Gründer/-innen:** *GmbH* *GmbH*	*GmbH* *GmbH* **Firma:** Sach-, Personen-, Fantasie- oder Mischfirma mit Zusatz GmbH *GmbH* *GmbH*	*GmbH* *GmbH* **Gründung** (Formvorschriften): *GmbH* *GmbH*
GmbH *GmbH* **Eigenkapital:** *GmbH* *GmbH*	*GmbH* *GmbH* **Haftung:** *GmbH* *GmbH*	*GmbH* *GmbH* **Geschäftsführung:** durch den/die von den Gesellschaftern bestimmte Geschäftsführung *GmbH* *GmbH*
GmbH *GmbH* **Vertretung:** *GmbH* *GmbH*	*GmbH* *GmbH* **Gewinn:** Verteilung richtet sich nach Höhe der Anteile der Gesellschafter *GmbH* *GmbH*	*GmbH* *GmbH* *GmbH* *GmbH*

AG AG **Anzahl der Gründer/-innen:** mindestens eine/einer AG AG	AG AG **Firma:** AG AG	AG AG **Gründung** (Formvorschriften): AG AG
AG AG **Eigenkapital:** AG AG	AG AG **Haftung:** beschränkt auf das Gesellschaftsvermögen AG AG	AG AG **Geschäftsführung:** AG AG
AG AG **Vertretung:** durch den Vorstand AG AG	AG AG **Gewinn:** AG AG	AG AG AG AG

Anforderungssituation 1.2

1 Betriebsaufbau

ARBEITSAUFTRAG 1: Erklären Sie die folgenden Fachbegriffe mit eigenen Worten.

a) Weisungsbefugnis: ....

....

....

b) Abteilung: ....

....

....

c) Hierarchie: ....

....

....

d) Stelle: ....

....

....

e) Organigramm: ....

....

....

f) Einliniensystem: ....

....

....

ARBEITSAUFTRAG 2: Ordnen Sie die folgenden Begriffe, Erläuterungen und Symbole so zu, dass richtige Aussagen entstehen. Verbinden Sie hierzu die entsprechenden Kästchen mit Linien.

Instanzen	sind Stellen, die bestimmte Tätigkeiten auf Anweisung erledigen	und werden mit einem Kreis im Organigramm gekennzeichnet.
Ausführende Stellen	sind weisungsberechtigte Stellen	und werden mit einem Dreieck im Organigramm gekennzeichnet.
Stabsstellen	haben nur Beratungsfunktionen und arbeiten anderen Stellen zu	und werden mit einem Viereck im Organigramm gekennzeichnet.

Anforderungssituation 1.2

2 Stellenbeschreibung

ARBEITSAUFTRAG 1: **Im Folgenden sehen Sie eine Stellenbeschreibung der Mediaworld e. K.** Beschrieben wird die Stelle der Verkäuferin bzw. des Verkäufers im Verkaufsshop.

a) Ergänzen Sie zunächst die fehlenden Begriffe auf der linken Seite.
b) Füllen Sie die Lücken auf der rechten Seite anhand Ihres Wissens über die Mediaworld e. K. und mithilfe eigener Ideen.

Stellenbeschreibung „Verkäufer/-in im Verkaufsshop"

....:	Verkäufer/-in
Stelleninhaber/-in:	....
....:	Verkauf/Verkaufsshop
Unmittelbare/-r Vorgesetzte/-r:	....
....:	keine
....:	durch die Auszubildende/den Auszubildenden
....:	Betreuung des Verkaufsshops unter Ausführung aller anfallenden Aufgaben von Warenpräsentation und Warenplatzierung, Warenpflege, Verkauf, Service und Beratung
....:	• Kundschaft beraten und Waren verkaufen • .... • .... • .... • Ware präsentieren und platzieren • .... • .... • Marktbeobachtung • Sortiment pflegen aufgrund von Kundenwünschen • .... • ....
....:	Die anfallenden Aufgaben werden eigenverantwortlich und selbstständig durchgeführt. Sortimentsveränderungen werden mit der Geschäftsleitung vorab besprochen.
....:	• mittlerer Bildungsabschluss • .... • .... • sicheres, freundliches Auftreten • .... • .... • ....

ARBEITSAUFTRAG 2: **Bei der Mediaworld e. K. wird eine zweite Kraft für den Verkaufsshop gesucht. Diese Stelle soll mit einer Teilzeitkraft besetzt werden, die zusammen mit der angestellten Verkäuferin Monika Schmitz den Verkaufsshop betreut. Moritz Wagner verspricht sich davon, dass die Öffnungszeiten ausgedehnt werden können und mehr Ware verkauft wird. Er ist dabei, eine Stellenanzeige für eine Internetjobbörse und für die eigene Website zu entwerfen. Ergänzen Sie die Stellenanzeige mithilfe der Stellenbeschreibung aus Arbeitsauftrag 1.**

Mediaworld e. K.
Handelsunternehmen für Multimediabedarf

Für unseren Verkaufsshop in der Krefelder Straße 92 in 47226 Duisburg suchen wir zum 01.06.20..

einen

Verkäufer (m/w/d)

Ihre Aufgaben:

- ....
- ....
- ....
- ....

Ihr Profil:

- ....
- ....
- ....
- ....

Unser Unternehmen:

....

....

....

....

Sind Sie interessiert? Dann freuen wir uns ....

....

....

....

3 Führungsstile und Führungstechniken

ARBEITSAUFTRAG 1: **(Fehlerteufel-Übung): In dem folgenden Text aus dem Lehrbuch hat sich der Fehlerteufel eingeschlichen. Streichen Sie die Fehler im Text an und korrigieren Sie diese in der rechten Randspalte.**

Zu den sogenannten Vorgesetzten in einem Unternehmen zählen nicht nur die Unternehmensleitung, also die Gesellschafter, sondern auch die Abteilungsleiter/-innen und andere Personen im Unternehmen, die Entscheidungen treffen und Anweisungen geben müssen. Die Art und Weise, wie die Entscheidungen getroffen werden und wie Anweisungen an Mitarbeitende gegeben werden, nennt man **Führungstechnik**.

Dabei werden im Wesentlichen drei sehr unterschiedliche Arten von Führungsstilen unterschieden:

der **autoritäre** Führungsstil und der **unkooperative** Führungsstil.

Beide Arten von Führungsstilen sind Extrempositionen, die in ihrer reinen Form eher selten vorkommen. Die Führungsstile von Mitarbeitenden haben zumeist Merkmale von beiden Seiten und je nachdem ob die Merkmale in der Mehrzahl autoritär oder kooperativ sind, kann man den Führungsstil der einen oder der anderen Position zuordnen.

Der **antiautoritäre Führungsstil** ist dadurch gekennzeichnet, dass die oder der Vorgesetzte

- die Mitarbeitenden nicht immer mitbestimmen lässt,
- Entscheidungen mit allen trifft,
- wichtige Aufgaben allein übernimmt,
- mit einem anderen zusammen die Verantwortung trägt.

Der **kooperative Führungsstil** zeichnet sich dadurch aus, dass die oder der Vorgesetzte

- die Mitarbeitenden mitbestimmen lässt,
- Entscheidungen mit den Mitarbeitenden zusammen trifft,
- Überstunden auch an Mitarbeitende abgibt,
- die Mitarbeitenden an der Verantwortung beteiligt.

Neben den Führungsstilen werden sogenannte **Führungstechniken** unterschieden. Dies sind die verschiedenen Möglichkeiten, wie man Aufgaben an Mitarbeitende delegieren, also abzählen kann. Es gibt drei wesentliche Führungstechniken:

- **Führen nach dem Ausnahmezustand**
- **Führen durch Delegation von Mehrarbeit**
- **Führen durch Festlegung von Zielvereinbarungen**

4 Die Chefin/Den Chef vertreten: Vollmacht und Prokura

ARBEITSAUFTRAG 1:

a) Finden Sie zu den drei Beschreibungen der Arten der Vollmacht die richtigen Überschriften.
b) Ordnen Sie danach die unten stehenden Beispiele den richtigen Arten der Vollmacht zu. Doch Vorsicht: Einige Tätigkeiten darf eine Bevollmächtigte/ein Bevollmächtigter auf keinen Fall ausführen!

....	....	....
Diese Art der Vollmacht ist speziell auf nur ein bestimmtes oder mehrere genau festgelegte Geschäfte begrenzt.	Wer diese Vollmacht hat, darf alle „üblichen" Rechtsgeschäfte des Unternehmens abschließen, in dem sie oder er arbeitet.	Diese Vollmacht bezieht sich auf eine bestimmte Art von Rechtsgeschäften, die die oder der Bevollmächtigte durchführen darf.
Hierzu gehören die Beispiele Nr. :	Hierzu gehören die Beispiele Nr. :	Hierzu gehören die Beispiele Nr. :

Tätigkeiten im Unternehmen:

1. Bargeld auf das Geschäftskonto einzahlen und vom Geschäftskonto abheben
2. Darlehen aufnehmen
3. Verträge mit Kundinnen/Kunden und Lieferbetrieben abschließen
4. Einkäufe erledigen
5. den Zahlungsverkehr regeln
6. Beauftragung eines Malerbetriebs für den Anstrich eines Lagerraumes
7. Grundstücke veräußern oder belasten
8. Schecks bei der Bank zur Gutschrift einreichen
9. einen Prozess führen
10. eingehende Rechnungen bezahlen
11. neue Bürostühle für ein Büro aussuchen und kaufen
12. Personal einstellen oder kündigen

ARBEITSAUFTRAG 2: **Beurteilen Sie, ob die folgenden Aussagen richtig oder falsch sind.**

Nr.	Aussagen	Richtig	Falsch
1.	Eine Spezialvollmacht bezieht sich immer auf eine spezielle Tätigkeit.		
2.	Wenn eine Verkäuferin in einem Supermarkt häufig an der Kasse zum Kassieren sitzt, hat sie eine Artvollmacht.		
3.	Wenn eine Vollmacht erteilt wird, muss dies immer schriftlich geschehen.		
4.	Eine Prokuristin kann das Unternehmen auch verkaufen.		
5.	Personal einstellen oder kündigen dürfen sowohl der Prokurist als auch diejenige oder derjenige, die oder der eine Generalvollmacht hat.		
6.	Ein Bevollmächtigter unterschreibt mit der Abkürzung „i. A." oder mit der Abkürzung „i. V.".		
7.	Eine Prokura wird im Handelsregister eingetragen, damit alle hiervon erfahren können.		

Nr.	Aussagen	Richtig	Falsch
8.	Die Gesamtprokura hat ungefähr die gleiche Bedeutung wie die Generalvollmacht.		
9.	Die umfangreichste Vollmacht nennt man Generalvollmacht.		
10.	Prokuristinnen/Prokuristen kennzeichnen ihre Unterschrift mit einem „ppa.“.		
11.	Vollmachten gelten nicht ewig. Sie verfallen meistens nach Ablauf von fünf Jahren.		
12.	Bei der Einzelprokura vertreten mehrere Prokuristinnen/Prokuristen ein einzelnes Unternehmen.		

ARBEITSAUFTRAG 3: **Beschreiben Sie zu den folgenden Personen Beispiele für Tätigkeiten, die sie in der beschriebenen Situation durchführen. Benennen Sie auch die Art der Vollmacht, die jeweils benötigt wird.**

Nr.	Beschreibung	Beispiele für Tätigkeiten	Benötigte Vollmacht
1.	Bastian Lenz, Auszubildender bei der Mediaworld e. K. im zweiten Ausbildungsjahr, zurzeit tätig im Verkaufsshop des Unternehmens.		
2.	Florian Peek, Buchhalter bei der Mediaworld e. K., zurzeit „Allrounder“, weil der Chef für drei Wochen Urlaub auf Mallorca macht.		
3.	Andreas Zimmer, Praktikant bei der Mediaworld e. K., wird mal hier und mal dort eingesetzt, wo gerade Bedarf ist und die Aufgaben nicht zu kompliziert sind.		

Ein Unternehmen kontrollieren

Anforderungssituation 2.1

1 Unternehmensziele: Zielharmonien und Zielkonflikte

ARBEITSAUFTRAG 1: Erklären Sie, was man unter den unterschiedlichen Arten von Unternehmenszielen versteht.

1. Wirtschaftliche Ziele =

....

....

....

2. Ökologische Ziele =

....

....

....

3. Soziale Ziele =

....

....

....

ARBEITSAUFTRAG 2: Bei der Verfolgung von wirtschaftlichen Zielen wird zwischen dem Minimal- und dem Maximalprinzip unterschieden.

a) Ergänzen Sie die Definitionen sinnvoll:

Minimalprinzip	Maximalprinzip
Ein .... Ziel soll mit möglichst .... Mitteleinsatz erreicht werden.	Mit .... Mitteln soll ein möglichst .... Erfolg erzielt werden.

b) Kreuzen Sie an, ob bei den folgenden Beispielen das Minimal- oder das Maximalprinzip angewandt wird.

Nr.	Beispiel	Minimalprinzip	Maximalprinzip
1	Oma Erna hat noch zwei Knäuel Wolle übrig, damit möchte sie so viele Kinderhandschuhe stricken wie möglich.		
2	Frida möchte mit möglichst geringem Lernaufwand die Abschlussprüfung zur Kauffrau im Einzelhandel bestehen.		

Nr.	Beispiel	Minimalprinzip	Maximalprinzip
3	Jens Peters hat 500,00 € im Lotto gewonnen. Dafür möchte er sich das tollste Audio-Surround-System kaufen, das er kriegen kann.		
4	Henri möchte in seiner Mietwohnung das Schlafzimmer streichen. Dabei versucht er, möglichst wenig Farbe zu verwenden.		
5	Familie Heinrich versucht, diesen Sommer mit möglichst geringem Spritverbrauch zur Ostsee in Urlaub zu fahren.		
6	Cem möchte für seine Geburtstagsparty 200,00 € ausgeben, dafür will er so viele Getränke wie möglich kaufen.		
7	In seinem Eigenheim plant Herr Friedrich, diesen Winter eine konstante Raumtemperatur von 21 °C mit möglichst geringem Heizmitteleinsatz zu erreichen.		
8	Familie Heinrich hat für die Urlaubsfahrt den Wagen vollgetankt. Herr Heinrich versucht, mit dieser Tankfüllung so weit wie möglich in Richtung Ostsee zu kommen.		

ARBEITSAUFTRAG 3:

a) Erklären Sie, was man unter Zielharmonie und Zielkonflikt versteht.

1. Zielharmonie =

....

....

2. Zielkonflikt =

....

....

b) Ergänzen Sie die folgenden Beispiele sinnvoll.

1. Eine .... liegt vor, wenn auf der einen Seite eine Umsatzerhöhung angestrebt wird, auf der anderen Seite aber auch ein höherer Gewinn erreicht werden soll.

2. Moritz Wagner ist als Unternehmer stets darauf bedacht, nicht zu hohe Ausgaben zu haben. Auf der anderen Seite muss er natürlich dafür sorgen, dass genügend Kundinnen/Kunden sein Geschäft kennen und hier kaufen; also investiert er viel Geld in Werbung. Hier liegt ein .... vor.

3. Moritz Wagner überlegt, ob er als neuen Firmenwagen ein .... kaufen soll. Dies ist deutlich teurer als ein herkömmlicher Pkw; diese höheren Kosten drücken den Unternehmensgewinn. Da Moritz Wagner aber auch eigentlich das Ziel eines möglichst hohen .... verfolgt, liegt ein .... vor.

4. Die Mediaworld e. K. ist ein Unternehmen, das seinen Mitarbeitenden möglichst sichere .... anbieten will. Daneben wird versucht, durch hohe Jahresumsätze ein gesundes Unternehmen zu führen, das möglichst lange und beständig tätig sein kann. Hier liegt eindeutig eine .... vor.

5. Im Lager der Mediaworld e. K. sollen zukünftig nur noch Verpackungsmaterialien aus .... Karton verwendet werden, diese sind auch noch .... als die sonst eingesetzten Materialien; hier herrscht also eine Zielharmonie vor.

6. Moritz Wagner ist als Unternehmer bemüht, die .... in seinem Unternehmen gering zu halten. Auf der anderen Seite hat er aber auch das Urlaubsgeld und das Weihnachtsgeld in diesem Jahr erhöht, damit seine Mitarbeitenden mit ihren Verdiensten weiterhin .... sind. Zwischen den Kosten und der Mitarbeiterzufriedenheit liegt hier ein .... vor.

7. Abfälle aus Papier, die bei der Mediaworld e. K. anfallen, werden getrennt gesammelt und zum Recycling gegeben; für jedes gesammelte Kilo Papierabfall erhält das Unternehmen 8 Cent. Anstatt Müll also .... zu entsorgen, wird hier mit Müll (ein wenig) Geld verdient, aus Unternehmenssicht liegt hier eine .... vor.

Anforderungssituation 2.1

2 Einfache Kennzahlen der Wirtschaftlichkeit

ARBEITSAUFTRAG 1: **Ergänzen Sie die folgenden Erklärungen und Formeln zu den drei Kennzahlen der Wirtschaftlichkeit.**

Kennzahl	Bedeutung	Formel
Wirtschaftlichkeit	Der erzielte .... wird in Bezug gesetzt zum eingesetzten Aufwand.	$W = \frac{\qquad}{\text{Aufwand}}$
....	Die Ausbringungsmenge wird in Bezug zur .... gesetzt.	$P = \frac{\qquad}{\text{Einsatzmenge}}$
Rentabilität	Der .... wird als Prozentgröße vom .... berechnet.	$R = \frac{\text{Gewinn} \cdot 100}{\qquad}$

ARBEITSAUFTRAG 2: Berechnen Sie in den folgenden Aufgaben die geforderten Kennzahlen. Ordnen Sie zum Überprüfen Ihrer Lösung die unten stehenden Ergebnisse den Aufgabennummern zu. Vorsicht: Zwei der vorgegebenen Ergebnisse sind falsch!

1. Ein kleines Unternehmen hat innerhalb eines Geschäftsjahres Erträge in Höhe von 300.000,00 € erzielt. Der Aufwand betrug 150.000,00 €. Ermitteln Sie die Wirtschaftlichkeit des Unternehmens.

2. Das gleiche Unternehmen wie in Aufgabe 1 hat im folgenden Geschäftsjahr deutlich höhere Erträge erzielt: 580.000,00 €. Die Aufwendungen sind aber auch gestiegen, auf 250.000,00 €. Die Unternehmensführung ist trotzdem zufrieden, da sie meint, dass das Unternehmen besser gewirtschaftet habe. Überprüfen Sie dies, indem Sie die Wirtschaftlichkeit berechnen.

3. Ein Unternehmen, das Gartenmöbel herstellt, hat in einem Geschäftsjahr 60 000 Sonnenschirme hergestellt, in der Produktion gibt es zwölf Beschäftigte. Ermitteln Sie die Produktivität je Mitarbeiterin/Mitarbeiter.

4. Im folgenden Geschäftsjahr mussten aufgrund schwieriger Marktsituation zwei Beschäftigte bei dem Unternehmen, das Gartenmöbel herstellt, entlassen werden. Es wurden insgesamt nur noch 52 000 Sonnenschirme produziert. Trotzdem ist die Produktivität je Mitarbeiterin/Mitarbeiter gestiegen; wie hoch ist sie nun?

5. Ein Einzelhändler hat in seinem Unternehmen 1,5 Mio. € Eigenkapital investiert. Hiermit wurde im abgelaufenen Geschäftsjahr ein Gewinn in Höhe von 300.000,00 € erzielt. Wie hoch ist die Rentabilität in diesem Unternehmen?

6. Im folgenden Geschäftsjahr hat sich das Eigenkapital in dem Einzelhandelsgeschäft aus Aufgabe 5 nicht verändert. Es wird aber nur noch ein Gewinn in Höhe von 200.000,00 € erzielt. Auf wie viel Prozent ist die Rentabilität gesunken?

7. In einer Supermarktfiliale schafft es eine Mitarbeiterin, während ihrer Arbeitszeit von acht Stunden 6 000 Artikel in den Regalen neu zu platzieren. Wie hoch ist ihre Produktivität?

8. Eric hat zu Beginn des Jahres auf seinem Sparbuch 3.500,00 € gespart. Aufgrund seiner Kauflust kommt im gesamten Jahr kein einziger Euro dazu. Die Sparkasse schreibt ihm am Ende des Jahres 17,50 € Zinsen gut. Wie hoch ist die Rentabilität des Sparbuches?

Das Ergebnis ...	gehört zu Aufgabe:
13,33 %	
5 000	
750	
22 %	
0,5 %	

Das Ergebnis ...	gehört zu Aufgabe:
2,0	
20 %	
5 200	
0,7 %	
2,32	

Güter disponieren und beschaffen

Anforderungssituation 3.1

1 Bezugsquellen ermitteln und analysieren

ARBEITSAUFTRAG 1: In dem folgenden Buchstabensalat sind verschiedene Kriterien der Lieferantenauswahl versteckt. Finden Sie alle 13 Kriterien?

O	L	P	O	J	E	F	T	D	N	E	O	F	V	G	H	L	M	C
J	H	K	U	N	D	E	N	B	E	W	E	R	T	U	N	G	E	N
P	L	X	U	P	A	I	B	L	B	X	F	Y	O	P	I	L	V	S
I	M	B	J	R	Y	R	F	L	I	E	F	E	R	Z	E	I	T	V
A	V	E	X	X	K	H	G	J	X	J	K	M	P	F	A	X	E	J
Z	U	V	E	R	L	Ä	S	S	I	G	K	E	I	T	G	G	C	T
R	X	I	B	K	N	D	G	D	V	B	B	W	B	P	K	C	H	Q
S	E	R	V	I	C	E	D	U	W	L	U	Z	I	E	D	G	N	S
P	G	K	E	B	T	Q	O	Z	T	G	U	M	E	W	T	P	O	Y
B	X	P	L	Y	Q	U	A	L	I	T	Ä	T	F	T	N	P	L	B
U	X	S	B	A	G	D	D	E	G	Y	M	W	X	X	L	B	O	S
M	A	X	P	A	M	R	F	I	N	A	N	Z	L	A	G	E	G	M
B	T	M	S	B	O	A	J	R	I	J	G	A	R	A	N	T	I	E
B	L	G	Ö	K	O	S	T	A	N	D	O	R	T	S	G	H	E	X
F	A	C	P	B	P	K	F	I	Ö	K	O	L	O	G	I	E	T	C
G	M	D	C	D	M	Y	K	T	O	P	V	I	N	L	R	B	O	P
L	L	W	V	L	W	Y	X	M	C	N	E	F	P	N	U	W	K	D
C	V	D	G	I	P	P	R	E	I	S	E	R	Y	F	H	L	V	Q
G	D	Z	B	Q	L	N	Z	A	H	L	U	N	G	S	Z	I	E	L

ARBEITSAUFTRAG 2: Ermitteln Sie, welcher Lieferbetrieb in der folgenden Situation insgesamt besser abschneidet, indem Sie die Summe der gewichteten Punkte für jeden Lieferanten berechnen.

Erläuterungen zur Tabelle:
Das Kriterium 1 ist mit einer Gewichtung von 40 von 100 Punkten das wichtigste, die Kriterien 6 und 7 sind mit 5 von 100 Punkten eher unwichtig.

Beste Bewertung („sehr gut“) = 5 Punkte; schlechteste Bewertung („mangelhaft“) = 1 Punkt

		Lieferbetrieb A		Lieferbetrieb B	
Kriterium	**Gewichtung**	**Punkte**	**Gewichtete Punkte**	**Punkte**	**Gewichtete Punkte**
1	40	3		5	
2	25	4		2	
3	15	1		1	
4	10	5		2	
5	5	4		1	
6	5	2		3	
Summe	**100**	----------		----------	

Anforderungssituation 3.1

2 Bestellmengen planen

ARBEITSAUFTRAG 1: **Die Computermouse Speedy ist ein Renner im Sortiment der Mediaworld e. K. Im Jahr werden ungefähr 60 000 Stück davon verkauft. Bastian Lenz wird von der Einkäuferin Sabine Hauser beauftragt, 7 500 Stück nachzubestellen, und möchte wissen, wie sie auf die Bestellmenge von 7 500 kommt. Ergänzen Sie die Lücken in den Erklärungen von Frau Hauser zur optimalen Bestellmenge.**

Bastian: „Sabine Hauser, warum eigentlich 7 500 Stück und nicht 6 000 oder gleich 60 000?"

Sabine Hauser: „Das ist die optimale Bestellmenge, die ich ermittelt habe."

Bastian: „Was ist das denn, hab ich ja noch nie gehört?"

Sabine Hauser: „Ich erkläre es dir, dazu muss ich aber ein bisschen ausholen:

Bei jeder Bestellung fallen Kosten an, z. B. die Kosten für deine und meine Arbeitszeit. Je häufiger man bestellt, desto .... sind diese Bestellkosten. Von daher könnte man auf die Idee kommen, dass es sinnvoll ist, ... und dafür eine .... Menge an Ware zu bestellen.

Andererseits muss die Ware auch gelagert werden. Auch dafür fallen Kosten an, z. B. für die Lagerräume und das Lagerpersonal. Je größer das Lager ist, desto .... sind diese Lagerhaltungskosten. Von daher könnte man auf die Idee kommen, dass es sinnvoll ist, ... und dafür eine .... Menge an Ware zu bestellen.

Bestellt man öfter und eine .... Menge, sind die Bestellkosten relativ .... und die Lagerkosten relativ ....

Bestellt man seltener und eine .... Menge, sind die Bestellkosten relativ .... und die Lagerkosten relativ ....

.... die Menge, bei der die Gesamtkosten, die aus den .... und den .... bestehen, am .... sind."

ARBEITSAUFTRAG 2: **Stellen Sie fest, wie Sabine Hauser auf die 7 500 Stück gekommen ist und wie hoch die Gesamtkosten bei dieser Bestellmenge sind, indem Sie mithilfe der nachfolgenden Tabelle die Berechnung der optimalen Bestellmenge vornehmen.**

Gegeben sind folgende Werte:

Einstandspreis Speedy Computermouse:	4,00 € pro Stück
Jahresbedarf:	60 000 Stück
Bestellkosten:	180,00 € pro Bestellvorgang
Lagerhaltungskostensatz:	10 %
Bestellhäufigkeit:	1-, 2-, 3-, 4-, 6-, 8- oder 12-mal

Tabelle zur Ermittlung der optimalen Bestellmenge:

Bestell-menge	Zahl der Bestellun-gen	Bestell-kosten in €	Durchschn. Lagerbestand in Stück	Durchschn. Lagerbestand in €	Lager-kosten in €	Gesamt-kosten in €
60 000	1					
	2					
	3					
	4					
	6					
	8					
	12					

Die optimale Bestellmenge liegt bei: .... Stück.

Anforderungssituation 3.1

3 Bestellzeitpunkte ermitteln

ARBEITSAUFTRAG 1: **Ergänzen Sie die Lücken im folgenden kurzen Text.**

Beim Bestellpunktverfahren wird eine Bestellung immer dann ausgelöst, wenn der Lagerbestand den .... erreicht bzw. unterschreitet.

Beim .... erfolgt die Bestellung in regelmäßigen zeitlichen Abständen.

ARBEITSAUFTRAG 2: **Die beiden Koordinatensysteme auf der nächsten Seite stellen jeweils die Veränderung der Lagerbestände dar, Koordinatensystem A für den 4K-Fernseher Schnitzer PF 140, Koordinatensystem B für das Autoradio Vision. Stellen Sie anhand dieser Schaubilder fest, nach welchem Verfahren jeweils der Bestellzeitpunkt bestimmt wird.**

A: ....

B: ....

ARBEITSAUFTRAG 3: **Stellen Sie fest, ob sich die folgenden Aussagen auf Verfahren A oder B beziehen.**

Nr.	Aussagen	A	B
1	Hoher Aufwand durch ständige Kontrolle der Lagerbestände/des Meldebestandes		
2	Sicheres Verfahren, Aufbrauchen des Mindestbestandes praktisch ausgeschlossen		
3	Einfach, da immer im gleichen Abstand nachbestellt wird		
4	Schwierig für Sammelbestellungen mehrerer Güter bei einem Lieferbetrieb		
5	Gefahr der Unterschreitung des Mindestbestandes hoch		
6	Geringer Aufwand, da keine ständige Kontrolle der Bestände nötig		

Koordinatensystem A: 4K-Fernseher Schnitzer PF 140

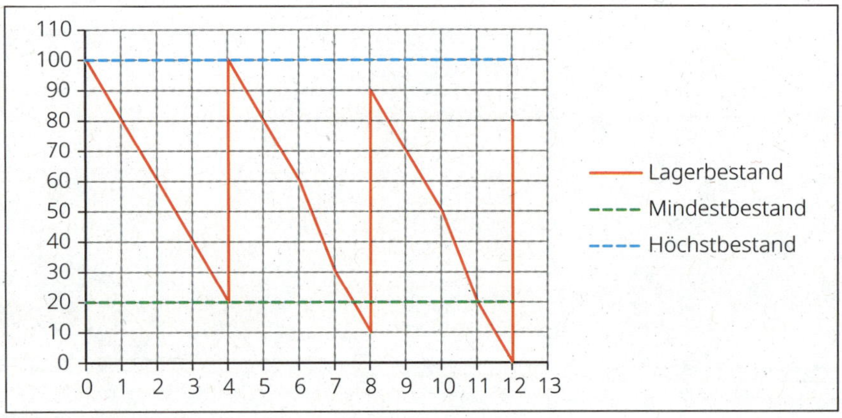

Koordinatensystem B: Autoradio Vision

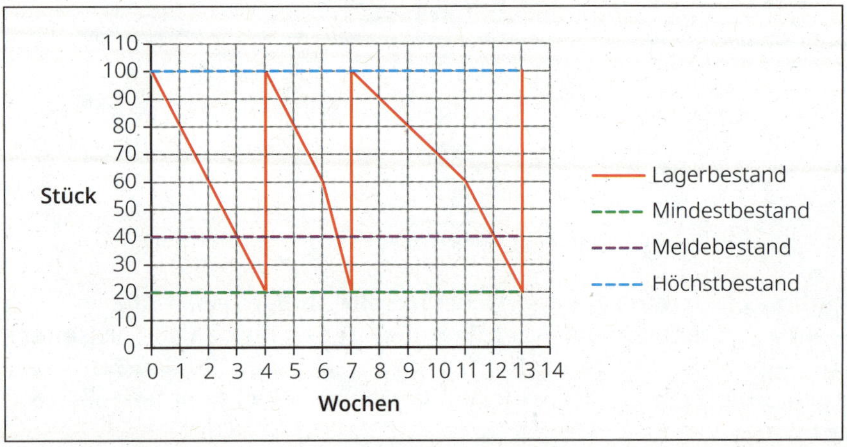

Anforderungssituation 3.1

4 Anfrage

ARBEITSAUFTRAG: **Die Mediaworld e. K. möchte Fitnessarmbänder neu in ihr Sortiment aufnehmen, daher schreibt Sabine Hauser eine Anfrage an einen spezialisierten Sportartikel-Großhändler, die Digisport GmbH. Der Text ist jedoch etwas durcheinandergeraten. Bringen Sie die Bestandteile wieder in die richtige Reichenfolge. Stellen Sie außerdem fest, um welche Art von Anfrage es sich in diesem Fall handelt. Tragen Sie Ihre Ergebnisse unten in die Tabelle ein.**

a) Wir freuen uns, bald von Ihnen zu hören.

b) Für eine Terminvereinbarung bin ich montags bis freitags zwischen 08:00 Uhr und 16:00 Uhr unter der Telefonnummer 028 88888-12 zu erreichen.

c) Mediaworld e. K.

d) i. A. Sabine Hauser

e) Ihren Anzeigen in der Fachzeitschrift „Der Fachhändler" entnahmen wir, dass Sie eine große Auswahl an Fitnessarmbändern liefern können.

f) Freundliche Grüße

g) Sehr geehrte Damen und Herren,

h) Daher sind wir an einer ausführlichen Beratung zu den von Ihnen angebotenen Fitnessarmbändern interessiert und bitten um einen Vertreterbesuch.

i) Wir sind ein Einzel- und Großhandel für Multimedia-Bedarf und ständig auf der Suche nach neuen und interessanten Produkten für unsere Kundinnen und Kunden.

1. = g)
2.
3.
4.
5.
6.
7.
8.
9.
Es handelt sich um eine .... Anfrage.

EXPERTENAUFTRAG: **Schreiben Sie einen normgerechten Geschäftsbrief an die Digisport GmbH (47918 Tönisvorst, Tackweg 56).**

Anforderungssituation 3.1

5 Angebot

ARBEITSAUFTRAG 1: Füllen Sie die folgende Übersicht zu den Formen des Angebotes und der Angebotsbindung vollständig aus:

Angebot
=
Angebote sind grundsätzlich verbindlich.

Anpreisung
=
Anpreisungen sind

Ohne Freizeichnungsklausel

Mit Freizeichnungsklausel
Gültigkeit wird

Befristet
Gültig bis ...

Schriftlich
a)
Gültigkeit:
b)
Gültigkeit:

ARBEITSAUFTRAG 2: Ordnen Sie den folgenden Erklärungen die richtigen Begriffe zu.

Preis für Zahlung innerhalb der Skontofrist, ohne Transport- und Verpackungskosten	
Preisnachlass für schnelle Zahlung	
Kosten für den Transport und die Verpackung	
Verkaufspreis ohne Abzüge	
Preisnachlass aus unterschiedlichsten Gründen, z. B. für die Stammkundschaft	
Preis nach Abzug von Rabatt bei Ausnutzung des Zahlungsziels	

ARBEITSAUFTRAG 3: Sabine Hauser hat folgende drei Angebote für Fitnessarmbänder vorliegen:

Angebot 1 der Digisport GmbH, 47918 Tönisvorst	
Listenpreis	120,00 €
Rabatt	20 % bei Bestellung von mindestens 50 Stück
Zahlungsziel	Zahlung sofort bei Lieferung
Lieferung	0,04 €/Stück, Lieferfrist innerhalb von 24 Stunden
Angebot 2 der Müller & Schneider OHG, Herne	
Listenpreis	98,00 €
Rabatt	5 %
Zahlungsziel	30 Tage, 10 Tage mit 3 % Skonto
Lieferung	20,00 € pauschal, Lieferfrist zwei Wochen
Angebot 3 der Fittech AG, Stuttgart	
Listenpreis	105,00 €
Rabatt	mind. 100 Stück: 2 %; mind. 200 Stück: 5 %, mind. 500 Stück: 10 %
Zahlungsziel	30 Tage, 10 Tage mit 2 % Skonto
Lieferung	frei Haus, Lieferfrist drei Werktage

a) Es sollen 200 Stück bestellt werden, berechnen Sie daher die Bezugspreise für 200 Fitnessarmbänder. Nutzen Sie dazu die nachfolgende Tabelle 1.

b) Führen Sie anschließend den qualitativen Angebotsvergleich durch. Nutzen Sie dazu die nachfolgende Tabelle 2.

Hinweise:

1. Preis und Qualität sind sehr wichtig (je 40 %), Lieferzeit und Zahlungsziel sind dagegen mit nur je 10 % zu gewichten.
2. Die Punktevergabe soll so erfolgen: beste Bewertung („sehr gut“) = 5 Punkte; schlechteste Bewertung („mangelhaft“) = 1 Punkt.
3: Für die Beurteilung der Qualität hat Frau Hauser bereits Testergebnisse recherchiert und ist zu folgenden Ergebnissen gekommen: Produkt der Digisport GmbH 5 Punkte („sehr gut“), Fittech AG 4 Punkte („gut “), Müller & Schneider OHG 2 Punkte („ausreichend“),
4. Lieferzeiten von mehr als einer Woche gelten als „mangelhaft“ (1 Punkt).

Tabelle 1: Quantitativer Angebotsvergleich Fitnessarmbänder

	Digisport GmbH		Müller & Schneider OHG		Fittech AG	
1 Stück →						
200 Stück →						
	%		%		%	
	%		%		%	
= Bezugspreis						

Ergebnis: Der günstigste Anbieter ist: ....

Tabelle 2: Qualitativer Angebotsvergleich Fitnessarmbänder

		Digisport GmbH		Müller & Schneider OHG		Fittech AG	
Kriterien	**Gewichtung**	**Punkte**	**Gewichtete Punkte**	**Punkte**	**Gewichtete Punkte**	**Punkte**	**Gewichtete Punkte**
Preis							
Qualität							
Lieferzeit							
Zahlungs-ziel							
Summe		---		---		---	

Ergebnis: Der beste Anbieter ist: ....

Anforderungssituation 3.2

1 Kaufverträge anbahnen und abschließen

ARBEITSAUFTRAG 1: Ergänzen Sie das folgende Schaubild zu den Willenserklärungen.

Willenserklärungen können …

… abgegeben werden.

Man benötigt …

… bei einem einseitigen Rechtsgeschäft:

Beispiel:

… bei einem zweiseitigen Rechtsgeschäft:

Beispiel:

Es gibt Willenserklärungen, die sind …

Beispiel:

Beispiel:

ARBEITSAUFTRAG 2: **Stellen Sie fest, ob in den folgenden Fällen zwei übereinstimmende gültige Willenserklärungen vorliegen und daher ein Kaufvertrag zustande gekommen ist. Begründen Sie Ihre Meinung, indem Sie die nachfolgenden Fälle untersuchen. Nutzen Sie die Hilfe auf der nächsten Seite.**

Beispiel:
Bastian Lenz ruft bei der Mammuth GmbH an und bestellt 50 Boxen Eiszeit; der Sachbearbeiter der Mammuth GmbH sichert die Lieferung innerhalb von drei Tagen zu.

Bestellung durch die Mediaworld e. K.	+	**Auftragsbestätigung** durch die Mammuth GmbH
→ zwei übereinstimmende Willenserklärungen = Kaufvertrag		

Fälle:

1. Bei einem Messebesuch bietet die Audiotronic GmbH Moritz Wagner Autoradios zum Preis von 119,00 € an. Moritz Wagner ist die angebotene Ware aber zu teuer.

durch	+	durch
→		

2. Moritz Wagner hat im neuen Katalog der Lavex AG eine ergonomische Tastatur zu einem sehr günstigen Preis entdeckt und bestellt per E-Mail 100 Stück.

durch	+	durch
→		

3. Einkäuferin Sabine Hauser bestellt bei der Multitask GmbH per Fax 1 000 USB-Sticks mit 32 GB, die zuständige Verkäuferin bei der Multitask schickt schon nach zwei Stunden eine Auftragsbestätigung.

durch	+	durch
→		

4. Die Müller & Schneider OHG bietet der Mediaworld e. K. schriftlich den Artikel „Foto-Center" zum Preis von 40,00 €/Stück an, Frau Hauser bestellt gleich 500 Stück und schreibt in ihre Bestellung noch einen Rabatt von 5 %, da sie eine große Menge bestellt.

durch	+	durch
→		

5. Die Schnitzer AG bietet der Mediaworld e. K. per E-Mail Flachbildschirme zu einem besonders günstigen Preis an; da die Einkäuferin Frau Hauser im Moment sehr viel zu tun hat, kommt sie erst nach zwei Wochen dazu, die Flachbildschirme zu bestellen.

durch	+	durch
→		

Hilfe: Die Begriffe, die Sie in die Kästen einsetzen könnten, finden Sie hier:

Angebot – Auftragsbestätigung – Ablehnung – Bestellung – Bestellung mit geänderten Bedingungen – verspätete Bestellung – unverbindliche Anpreisung

Achtung: Manche Begriffe kommen mehrfach vor!

ARBEITSAUFTRAG 3: **Testen Sie Ihr Wissen: In der folgenden Aufgabe finden Sie (ausnahmsweise) einmal keine Fragen, sondern schon die Antworten. Sie müssen jetzt allerdings die Fragen dazu formulieren.**

Beispiel:

Antwort: Angaben zu Preis, Ware, Bezahlung, Lieferung, Vertragserfüllung...
→ Frage: Welche Angaben gehören in einen Kaufvertrag?

Aufgaben

1. Antwort: zum Beispiel auf die Haltbarkeit, die Verarbeitung, das Material
→ Frage:

2. Antwort: mittlere Qualität
→ Frage:

3. Antwort: Es ist ein Rabatt, der nachträglich gewährt wird, wenn die Kundin/der Kunde einen bestimmten Umsatz gemacht hat.
→ Frage:

4. Antwort: Es muss erst nach einer bestimmten Frist gezahlt werden.
→ Frage:

5. Antwort: Sofort, wenn die Ware geliefert worden ist.
→ Frage:

6. Antwort: Die Verkäuferin oder der Verkäufer trägt die Kosten für den Transport bis zur Versandstation, die Käuferin oder der Käufer den Rest.
→ Frage:

7. Antwort: Für diese gilt ebenfalls, dass die Käuferin oder der Käufer sie bezahlen muss, wenn nichts anderes vereinbart wurde.
→ Frage:

8. Antwort: Der Ort, an dem ein Prozess stattfindet, wenn es bei der Erfüllung des Kaufvertrages Streitigkeiten gibt.
→ Frage:

9. Antwort: Es bedeutet, dass die Warenübergabe am Geschäftssitz der Verkäuferin oder des Verkäufers stattfindet.
→ Frage:

10. Antwort: am Geschäftssitz der Käuferin oder des Käufers
→ Frage:

11. Antwort: Bei Streitigkeiten wegen der Ware in Paderborn, bei Streitigkeiten wegen der Zahlung in Duisburg.
→ Frage:

ARBEITSAUFTRAG 4: Füllen Sie die Lücken in dem folgenden Text zu den Allgemeinen Geschäftsbedingungen. Die passenden Begriffe finden Sie auf der folgenden Seite.

Allgemeine Geschäftsbedingungen sind .... Vertragsbedingungen, die für eine Vielzahl von Verträgen gelten. Sie stehen vielfach .... auf der Rückseite der Vertragspapiere. Sie werden erstellt, damit Vertragsbedingungen, die sich immer wiederholen, nicht mit jeder Kundin oder jedem Kunden gesondert vereinbart werden müssen, sie sollen also den Vertragsabschluss für die Verkäuferin oder den Verkäufer .... und .... gestalten. Zu den häufig in den AGB geregelten Punkten gehören: Zahlungsbedingungen, Lieferfristen, Eigentumsvorbehalt, Garantiebedingungen und Erfüllungsort und Gerichtstand.

Die Verkäuferin oder der Verkäufer darf aber in die AGB nicht einfach alles aufnehmen, was sie oder er will. Es gibt rechtliche Grenzen, die die Kundin oder den Kunden, die oder der in der Regel die .... Vertragspartei ist, schützen sollen. Das BGB (Bürgerliche Gesetzbuch) enthält dazu unter anderem folgende Bestimmungen:

- Allgemeine Geschäftsbedingungen werden bei Verträgen mit einem Verbraucher nur dann Vertragsbestandteil, wenn der Verkäufer .... darauf hinweist und sie vom Käufer in .... Weise zur Kenntnis genommen werden können; schließlich muss der Kunde sich damit .... erklären.
- Bei Verträgen zwischen zwei Unternehmen (Kaufleuten) reicht es allerdings aus, dass der Verwender in seinem Angebot auf seine AGB verweist; nimmt der Vertragspartner das Angebot dann .... an, sind die AGB Vertragsbestandteil geworden.
- .... Absprachen zwischen Käufer und Verkäufer haben immer Vorrang vor den Allgemeinen Geschäftsbedingungen.
- Es gilt der Grundsatz, dass .... Klauseln, mit denen der Kunde nicht rechnen konnte bzw. musste, unwirksam sind.
- Das BGB enthält weiterhin eine Auflistung von Klauseln, die gegenüber Verbraucherinnen und Verbrauchern immer unwirksam sind: Unwirksam ist z. B. eine Bestimmung in den AGB, die dem Verkäufer die Möglichkeit einer kurzfristigen .... Preiserhöhung einräumt.
- Unwirksam ist auch eine Bestimmung, die Verbraucherinnen und Verbraucher dazu verpflichtet, zu beweisen, dass die gekaufte Ware bereits bei der Übergabe .... war.

Wenn einzelne Bestimmungen in den ABG unwirksam sind, ist nicht der gesamte Vertrag ungültig, sondern es treten die .... Bestimmungen an die Stelle der unwirksamen Klauseln.

ausdrücklich – einfacher – einverstanden – gesetzlichen – individuelle – kleingedruckt – mangelhaft – nachträglichen – schwächere – ungewöhnliche – unverändert – vorformulierte – zeitsparender – zumutbarer

Anforderungssituation 3.2

2 Kaufvertragsstörungen

ARBEITSAUFTRAG 1: **Ergänzen Sie die folgende Übersicht zu den mangelhaften Lieferungen (Schlechtleistungen), indem Sie jeweils die richtige Mängelart in die markierten Kästchen unter dem Beispiel eintragen.**

Mängelarten

Art des Mangels:

Art des Mangels:

Art des Mangels:

Art des Mangels:

Art des Mangels:

Art des Mangels:

ARBEITSAUFTRAG 2: **Ergänzen Sie die folgende Übersicht über die Rechte der Käuferin bzw. des Käufers einer mangelhaften Sache, indem Sie jeweils den korrekten Fachbegriff in die markierten Kästchen unter der Kundenforderung eintragen.**

Mangelhafte Lieferung – Rechte der Käuferin bzw. des Käufers

ohne Nachfrist

mit Nachfrist

nicht bei geringfügigen Mängeln		nicht bei geringfügigen Mängeln und nur bei Verschulden	

ARBEITSAUFTRAG 3 **Bei dem folgenden Schaubild zum Lieferungsverzug ist leider einiges durcheinandergeraten. Streichen Sie falsche Einträge und tragen Sie die richtigen Begriffe in die Kästchen ein.**

	Lieferungsverzug – Rechte der Käuferin bzw. des Käufers	
	1. Recht	
Rücktritt	**und ggf.**	Ersatz vergeblicher Aufwendungen
	Voraussetzungen	
	Fälligkeit	
	Verschulden	
	Nur bei Forderung von Schadenersatz	
	Mahnung	

	Weitere Rechte	
Bestehen auf Lieferung	Schadenersatz statt der Leistung	Ersatz des Verzögerungsschadens
Voraussetzungen	**Voraussetzungen**	**Voraussetzungen**
Mahnung	angemessene Nachfrist	Fälligkeit
Verschulden	Mahnung	angemessene Nachfrist
	Verschulden	Verschulden

Anforderungssituation 3.2

3 Wirtschaftliche Lagerhaltung

ARBEITSAUFTRAG 1: **Meldebestand (MEB), Höchstbestand (HÖB) und Mindestbestand (MIB) – auf welchen Begriff beziehen sich die folgenden Aussagen jeweils? Tragen Sie den passenden Begriff in die rechte Spalte ein.**

Aussagen	Begriff
Dient als Reserve für unvorhersehbare Ereignisse (z. B. Streik bei Lieferanten)	
Ist der Bestand, der maximal von einem Artikel vorhanden ist bzw. sein sollte	
Ist der Bestand, der signalisiert, dass nachbestellt werden muss	
Soll den Fortbestand der Fertigung bzw. des Verkaufs für einige (üblich: drei) Tage sichern	
Soll im normalen Betriebsablauf nicht unterschritten werden	
Soll nicht überschritten werden, wenn eine neue Bestellung eintrifft	
Soll sicherstellen, dass ausreichend Ware vorhanden ist, während die neue Bestellung noch unterwegs ist	
Soll sicherstellen, dass genug Platz im Lager ist und die Kosten für die Lagerhaltung nicht zu hoch werden	
Wird an dem Tag erreicht, an dem eine neue Lieferung eintrifft	
Wird wie folgt berechnet: Mindestbestand + täglicher Absatz · Lieferzeit	

ARBEITSAUFTRAG 2: **Berechnen Sie die nachfolgenden Bestände.**

1. Der Mindestbestand eines Artikels der Mediaworld e. K. beträgt 256 Stück. 64 Stück werden durchschnittlich täglich verkauft, die Wiederbeschaffungszeitzeit beträgt 15 Verkaufstage.
   Ermitteln Sie den **Meldebestand**.

   Meldebestand =
   .... + ... · .... = ...

2. Der Meldebestand eines Artikels beträgt 350 Stück. Die Mediaworld e. K. verkauft von dieser Ware täglich im Durchschnitt 25 Stück. Die Wiederbeschaffungszeit beträgt zwei Wochen (eine Woche = sechs Verkaufstage). Berechnen Sie den **Mindestbestand**.

   Mindestbestand =
   .... – .... · .... = ...

3. Der Mindestbestand eines Artikels beträgt zehn Stück, der Meldebestand 18 Stück und die jeweilige Bestellmenge 50 Stück. Berechnen Sie den **Höchstbestand**:

   Höchstbestand =
   .... + ... = ...

ARBEITSAUFTRAG 3: **Vervollständigen Sie die nachfolgende Tabelle zu den Lagerkennzahlen.**

Begriff	Bedeutung	Formel
Durchschnittlicher Lagerbestand		
	Zeigt, wie oft der Lagerbestand durch Verkauf und Nachbestellung ausgetauscht wird	
		360 / Umschlagshäufigkeit

ARBEITSAUFTRAG 4: **Stellen Sie fest, welche der folgenden Aussagen jeweils richtig ist.**

1. Welche Aussage zum durchschnittlichen Lagerbestand trifft zu?
   a) Es ist der Bestand, der immer vorhanden sein muss, um einen störungsfreien Betriebsablauf zu sichern.
   b) Es ist der Bestand, der aus Kostengründen nicht überschritten werden sollte.
   c) Je geringer der durchschnittliche Lagerbestand, desto geringer sind die Lagerkosten.
   d) Eine Berechnung mithilfe der Monatsendbestände ist möglich, aber ungenau.

2. Wie hoch ist der durchschnittliche Lagerbestand, wenn der Jahresanfangsbestand 800 Stück und der Jahresendbestand 600 Stück betragen?
   a) 1 400 Stück **b)** 700 Stück
   c) 200 Stück **d)** 400 Stück

3. Welche Aussage zur Umschlagshäufigkeit trifft zu?
   a) Die Umschlagshäufigkeit zeigt, ob sich ein gelagerter Artikel schnell verkaufen lässt oder nicht.
   b) Je höher die Umschlagshäufigkeit, desto höher sind die Lagerkosten.
   c) Die Umschlagshäufigkeit sinkt, wenn der durchschnittliche Lagerbestand (bei gleichbleibendem Absatz) sinkt.
   d) Es ist wirtschaftlich vorteilhaft, wenn die Umschlagshäufigkeit eines Artikels gegenüber dem Vormonat gesunken ist.

4. Wie hoch ist die Umschlagshäufigkeit eines Artikels, wenn der durchschnittliche Lagerbestand 2 000 Stück beträgt und der Jahresabsatz 40 000 Stück?
   a) 5 **b)** 20 **c)** 42 000 **d)** 800 000

5. Wie kann ein Unternehmen die durchschnittliche Lagerdauer seiner Artikel verkürzen?
   a) Es nimmt Waren mit hoher Umschlagshäufigkeit aus dem Sortiment.
   b) Es erhöht die Mindestbestände.
   c) Es kauft große Mengen zur Nutzung von Mengenrabatten und Sonderkonditionen.
   d) Es vereinbart mit Lieferanten Just-in-time-Lieferungen.

6. Wie hoch ist die durchschnittliche Lagerdauer bei einer Umschlagshäufigkeit von 8 und einem durchschnittlichen Lagerbestand von 2 400 Stück?
   a) 300 Tage **b)** 45 Tage **c)** 30 Tage **d)** 22 Tage

7. Wie hoch ist der Jahresabsatz, wenn eine durchschnittliche Umschlagshäufigkeit von 20 und ein durchschnittlicher Lagerbestand von 50 000 Stück gegeben sind?
a) 1 000 000 Stück **b)** 100 000 Stück **c)** 250 000 Stück **d)** 25 000 Stück

8. Wie hoch ist der durchschnittliche Lagerbestand bei einer Umschlagshäufigkeit von 5 und einem Jahresabsatz von 7 000 Stück?
a) 35 000 Stück **b)** 1 400 Stück **c)** 350 Stück **d)** 72 Stück

4 Zahlungsverkehr

ARBEITSAUFTRAG 1: **Die Firma Elektro Jansen GmbH hat bei der Mediaworld e. K. am 05.04.20.. zwei neue Lampen installiert. Für Materialkosten (80,00 €) und zwei Stunden Arbeit des Gesellen Marcel Reiff werden 162,40 € inklusive Umsatzsteuer in Rechnung gestellt und sind von Bastian Lenz sofort in bar bezahlt worden. Füllen Sie die Quittung für diese Barzahlung aus:**

Quittung

	Netto
	+ USt. 19 %
Nr. R1245/20..	Gesamt
Betrag in Worten	
von	
für	
	dankend erhalten
Ort/Datum	

Stempel/Unterschrift der Empfängerin/des Empfängers
Elektro Jansen GmbH
Krefelder Str. 199
47228 Duisburg

ARBEITSAUFTRAG 2: **Ergänzen Sie die Lücken im Text zum Girokonto (s. nächste und übernächste Seite), verwenden Sie die nachfolgenden Lückenwörter.**

Abgänge – aktuelle Kontostand – Allgemeinen Geschäftsbedingungen – bargeldlosen Zahlungsverkehrs – Beginn der Ausbildung – Daueraufträge – Gebühren – girocard – Jugendliche – Kontoauszug – kostenlos – Kreditlimit – Lastschrift – online – Personalausweis – Preis- und Leistungsverzeichnis – Reisepass – Selbstbedienungsterminal – Überweisungen – Vertrag – Zinsen – Zugänge – Zusendung per Post – Zustimmung der Eltern

Ein Girokonto ist aus dem Alltag von Verbraucherinnen und Verbrauchern nicht mehr wegzudenken. Spätestens mit .... wird ein eigenes Konto zur Abwicklung des .... unverzichtbar.

Das Girokonto ist die Grundlage für alle Bankgeschäfte: Geld bar einzahlen und abheben, ... einrichten, ... ausführen oder Abbuchungen per .... erlauben. In der Regel erhält die Kontoinhaberin bzw. der Kontoinhaber auch eine Kundenkarte bzw. eine ...., mit der man Geld am Automaten abheben, den .... nutzen und bargeldlos bezahlen kann.

Das Girokonto kann man bei einer Bank oder Sparkasse seiner Wahl eröffnen. Eine Kontoeröffnung ist mit wenig Aufwand verbunden. Man benötigt einen gültigen .... oder ...., Jugendliche brauchen zusätzlich die ....

Zusammen mit einer Bankmitarbeiterin/einem Bankmitarbeiter füllt man ein entsprechendes Formular aus und unterschreibt es, damit kommt ein .... mit der Bank zustande, mit durch den man auch die .... der Bank anerkennt.
Es gibt ebenfalls die Möglichkeit, ein Girokonto .... zu eröffnen.
Für die Kontoführung erheben die Institute ...., die unterschiedlich hoch sein können, Angaben dazu findet man im jeweiligen ...., das man vorher im Internet einsehen kann. Spezielle Girokonten für Jugendliche sind in der Regel ....

Alle Veränderungen auf dem Girokonto, also alle Abgänge (Abbuchungen) und Zugänge (Gutschriften) sowie der aktuelle Kontostand, sind auf dem .... dokumentiert. Den stellt die Bank ihren Kundinnen und Kunden regelmäßig zur Verfügung. Das Ausdrucken am Selbstbedienungsterminal oder (beim Onlinebanking) zu Hause ist dabei günstiger als die ....
Auf manchen Kontoauszügen erscheinen die Fachbegriffe „Soll", „Haben" und „Saldo": Sollbuchungen sind ...., Habenbuchungen sind .... Als Saldo wird der .... bezeichnet.
Man kann mit der Bank vereinbaren, dass dem Konto ein .... eingeräumt wird bzw. dass man das Konto bis zu einer gewissen Höhe überziehen kann. Der Kontostand ist dann negativ

und man hat Schulden gegenüber der Bank, für die man (relativ hohe) .... zahlen muss. .... haben diese Möglichkeit allerdings nicht und können nur so lange über das Girokonto verfügen, wie Guthaben vorhanden ist.

ARBEITSAUFTRAG 3: **Die folgende Aufzählung zeigt den Ablauf einer Zahlung per Nachnahme und einer Zahlung per Zahlschein. Leider ist die Reihenfolge etwas durcheinandergeraten. Bringen Sie die Schritte wieder in die richtige Reihenfolge und tragen Sie sie in die folgende Tabelle ein.**

- Der Betrag wird an das Geldinstitut der Zahlungsempfängerin/des Zahlungsempfängers weitergeleitet.
- Der Betrag wird auf das Konto der Zahlungsempfängerin/des Zahlungsempfängers überwiesen.
- Der Betrag wird dem Konto der Zahlungsempfängerin/des Zahlungsempfängers gutgeschrieben.
- Die Ware wird gegen Barzahlung des geforderten Betrages ausgehändigt.
- Die Gutschrift wird auf dem Kontoauszug angezeigt.
- Die Gutschrift wird auf dem Kontoauszug angezeigt.
- Der Logistikdienstleister übernimmt den Versand.
- Die Zahlungsempfängerin/Der Zahlungsempfänger bringt das Paket zur Annahmestelle.
- Die Zahlungsempfängerin/Der Zahlungsempfänger füllt Nachnahmeauftrag aus und gibt das Paket auf.
- Die oder der Zahlungspflichtige füllt ein Formular „Zahlschein" aus.
- Die oder der Zahlungspflichtige geht zur Bank.
- Die oder der Zahlungspflichtige zahlt den Betrag einschließlich der Gebühren bar ein.

Zahlung per Zahlschein	
1.	
2.	
3.	
4.	
5.	
6.	
Zahlung per Nachnahme	
1.	
2.	
3.	
4.	
5.	
6.	

ARBEITSAUFTRAG 4: Florian Peek (Buchhalter der Mediaworld e. K.) wohnt in 47918 Tönisvorst, Am Selder 5, und möchte am Montag, dem 05.04.20.. eine Anzahlung von 500,00 € für eine Ferienwohnung überweisen.

Er hat folgende Buchungsbetätigung erhalten:

Von:	Maria Rodrigues Espima marirodriguespi@aol.com
An	Florian Peek f.peek@web.de
Betreff	Ihre Buchung
	Sehr geehrter Herr Peek, wir bestätigen Ihre Buchung vom 04.04.20.. Bitte überweisen Sie die Anzahlung in Höhe von 500,00 € für die in der Zeit vom 20.07. bis 03.08.20.. gemietete Ferienwohnung Nr. B106 auf das folgende Konto: Citibank Barcelona Kontoinhaberin: Maria Rodriguez Espima IBAN: ES10 2090 3200 50004104 50 BIC: CITIES2X Mit freundlichen Grüßen ...

Füllen Sie die Überweisung für Herrn Peek aus:

Seine Kontodaten:
Bank: Sparkasse Krefeld
IBAN: DE71 3205 0000 1234567890
BIC: SPKRDE33XXX

€uro-Überweisung (SEPA)

Für Überweisungen in Deutschland, in andere EU-/EWR-Staaten und in die Schweiz in Euro.
Kontoinhaber trägt Entgelte bei seinem Kreditinstitut; Zahlungsempfänger trägt die übrigen Entgelte.

Angaben zum Zahlungsempfänger: Name, Vorname/Firma (max. 27 Stellen, bei maschineller Beschriftung max. 35 Stellen)

IBAN

BIC des Kreditinstituts/Zahlungsdienstleisters (8 oder 11 Stellen)

SEPA-Überweisung €

Betrag: Euro, Cent

Kunden-Referenznummer - Verwendungszweck, ggf. Name und Anschrift des Zahlers - (nur für Zahlungsempfänger)

noch Verwendungszweck (insgesamt max. 2 Zeilen á 27 Stellen, bei maschineller Beschriftung max. 2 Zeilen á 35 Stellen)

Angaben zum Kontoinhaber: Name, Vorname/Firma, Ort (max. 27 Stellen, keine Straßen- oder Postfachangaben)

IBAN
D E

16

SEPA-Überweisung €uro

IW2013-325452

Datum

Unterschrift(en)

ARBEITSAUFTRAG 5: Die Mediaworld e. K. hat von einem neuen Lieferbetrieb, der Meurer GmbH, Waren im Wert von insgesamt 3.400,00 € gekauft. Die Rechnung soll per Lastschrift beglichen werden. Die Bank der Mediaworld e. K. ist die Deutsche Bank Duisburg, die Meurer GmbH hat ihr Konto bei der Commerzbank Ulm. Beschreiben Sie den Ablauf des Lastschriftverfahrens, indem Sie die die folgenden Aussagen ergänzen.

Schritt 1: Die Mediaworld e. K.
Schritt 2: Die Meurer GmbH
Schritt 3: Die Commerzbank Ulm
Schritt 4: Die beiden Banken
Schritt 5: Die Deutsche Bank Duisburg
Schritt 6: Die Commerzbank Ulm

Hilfe: Die folgenden Begriffe brauchen Sie für die Beschreibung des Vorgangs:
das Konto belasten – den Einzug per Lastschrift erlauben – den Betrag gutschreiben – die Lastschrift einreichen – die Lastschrift weiterleiten – untereinander verrechnen

ARBEITSAUFTRAG 6: Vergleichen Sie Dauerauftrag und Lastschrift, indem Sie die folgende Übersicht dazu vollständig ausfüllen.

	Dauerauftrag	Lastschrift
Voraussetzung für die Zahlung ist …	der (einmalige) Auftrag, den die oder der Zahlungspflichtige seiner Bank erteilt.	
Das Verfahren ist geeignet für …		
Ein Rückgängigmachen der Zahlung ist …		
Der Vorteil für die Zahlungspflichtige/den Zahlungspflichtigen gegenüber der Überweisung ist: …		
Der Vorteil für die Zahlungsempfängerin/den Zahlungsempfänger ist: …		Sie oder er kann den Termin der Zahlung selbst festlegen.

ARBEITSAUFTRAG 7: Kreuzen Sie an, ob folgende Aussagen zu den Kartenzahlungen richtig oder falsch sind.

Aussagen	Richtig	Falsch
1. Bei der Zahlung mit der girocard muss der Kunde bei höheren Beträgen seine PIN eingeben oder unterschreiben, um sich zu legitimieren (= als rechtmäßiger Besitzer der Karte auszuweisen).		
2. Mit der girocard kann man auch am Geldautomaten Geld abheben und am Kundenterminal Überweisungen, Daueraufträge usw. in Auftrag geben.		
3. Mit der girocard kann man nicht im Ausland bezahlen.		
4. Bei der Zahlung mit girocard wird das Geld erst einige Zeit später – in der Regel am Ende des Monats – vom Konto der Kundin oder des Kunden eingezogen.		
5. Bei der Bezahlung mit der girocard kann der Händler sicher sein, dass er sein Geld auch bekommt, wenn die Kundin oder der Kunde die Zahlung mit seiner Unterschrift bestätigt hat.		
6. Die girocard kann man leider nicht auf dem Handy zum Bezahlen hinterlegen.		
7. Kreditkarten werden von Kreditkartenorganisationen (z. B. American Express oder Visa) herausgegeben.		
8. Wenn Kundinnen/Kunden mit Kreditkarte zahlen, werden für den Händler weniger Gebühren fällig als bei einer Zahlung mit der girocard.		
9. Eine Kreditkarte bekommt man in der Regel nur mit regelmäßigem Einkommen und einer entsprechenden Kontodeckung.		
10. Für die Abwicklung aller Kartenzahlungen benötigt der Händler ein entsprechendes Kartenlesegerät.		
11. Bei allen Unternehmen, in denen man mit der girocard bezahlen kann, kann man auch mit einer Kreditkarte bezahlen.		
12. Bei der Zahlung mit einer Kreditkarte kann man leicht den Überblick über seine Ausgaben verlieren.		
13. Es gibt Kundenkarten mit und ohne Bezahlfunktion.		
14. Kundenkarten mit Bezahlfunktion erfüllen in der Regel den gleichen Zweck wie Kreditkarten.		
15. Es ist den Unternehmen, die Kundenkarten herausgeben, nicht gestattet, Daten über die Einkäufe der Karteninhaber/-innen zu speichern.		

EXPERTENAUFTRAG: Verbessern Sie die falschen Aussagen.

Leistungsprogramm planen und entwickeln

Anforderungssituation 4.1

1 Ein Sortiment zusammenstellen

S. 157

ARBEITSAUFTRAG 1: Sind die folgenden Aussagen richtig oder falsch?

Aussagen	Richtig	Falsch
Die Sortimentstiefe wird durch die Anzahl der Warenarten bestimmt.		
Die Sortimentsbreite wird durch die Gesamtanzahl der Artikel eines Unternehmens bestimmt.		
Wenn sich die Sortimentsbreite ändert, verändert sich sofort der Sortimentsumfang eines Sortiments.		

ARBEITSAUFTRAG 2: Zeigen Sie, ob die nachfolgenden Aktionen zu einer
(1) Änderung der Sortimentstiefe,
(2) Änderung der Sortimentsbreite,
(3) keiner Änderung des Sortimentsumfangs führen.

Ein bisher hergestellter Bluetooth-Kopfhörer wird durch ein leicht verändertes Modell ersetzt.	
Die Mediaworld e. K. nimmt Handy-Hüllen in ihr Sortiment auf.	
Die Warengruppe Audio wird aufgrund der geringen Nachfrage aus dem Sortiment gestrichen.	

ARBEITSAUFTRAG 3: Suchen Sie im Internet nach Erklärungen für folgende Begriffe und notieren Sie sich Ihre Arbeitsergebnisse.

Kernsortiment	
Zusatzsortiment	
Randsortiment	
Saisonsortiment	
Auslaufsortiment	
Probesortiment	
Aktionssortiment	

Anforderungssituation 4.1

2 Kriterien für eine ansprechende Warenplatzierung und Warenpräsentation

S. 158

ARBEITSAUFTRAG 1: Ordnen Sie die nachfolgenden Begriffe in das Schaubild ein.

Entlastungsansprüche – Ansprüche an das Kauferlebnis – Kaufanregung – geringer Suchaufwand – einfache Vergleichbarkeit – ansprechendes optisches Erscheinungsbild – Ansprüche an die Warenplatzierung

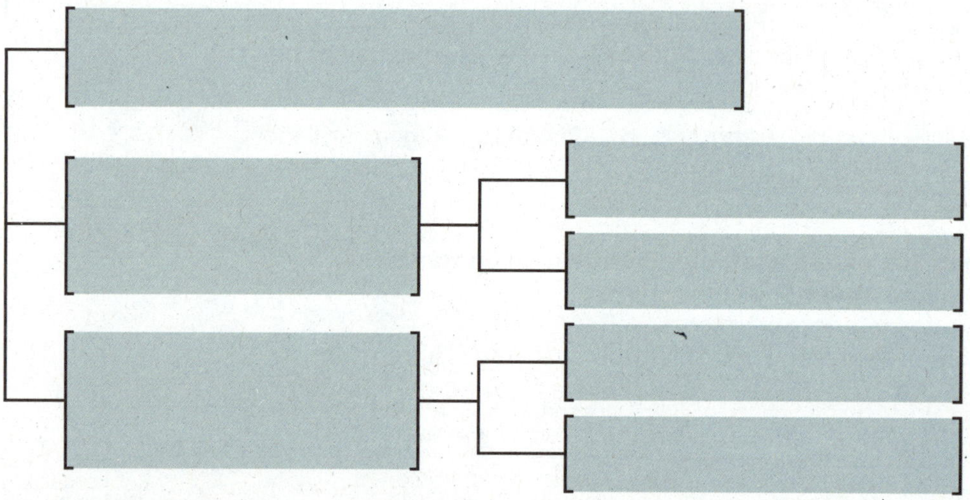

ARBEITSAUFTRAG 2: Suchen Sie im Internet genaue Erklärungen für die Begriffe „Warenplatzierung" und „Warenpräsentation".

Anforderungssituation 4.1

3 Verkaufspreise bilden

S. 165

ARBEITSAUFTRAG 1: Sind die folgenden Aussagen richtig oder falsch?

Aussagen	Richtig	Falsch
Der Zieleinkaufspreis beinhaltet ein Zahlungsziel für die Kundinnen und Kunden.		
Beim Bareinkaufspreis erhält die Verkäuferin/der Verkäufer den Geldbetrag in bar von der Käuferin/vom Käufer.		
Handlungskosten tragen nur die Einzelhandelsunternehmen.		
Die Mehrwertsteuer (z. B. Umsatzsteuer im Verkauf) ist für einen Preisvergleich unerheblich.		

S. 165

ARBEITSAUFTRAG 2: **Finden Sie die Fehler im nachfolgenden Schema.**

	Rechengröße	%-Satz	Betrag
	Bezugspreis		100,00 €
–	Handlungskosten	15	15,00 €
=	Selbstertrag		115,00 €
+	Gewinnzuschlag	10	1,15 €
=	Kassenpreis (brutto)		126,50 €
+	USt. (allgemeiner Satz)	17	21,05 €
=	Kassenpreis (netto)		147,55 €

S. 168

ARBEITSAUFTRAG 3: **Sie sind Auszubildende/-r bei der Elektro Günther e. K. und bekommen von Ihrem Abteilungsleiter den Auftrag, die Ware, die Sie von der Mediaworld e. K. erhalten haben, zu kalkulieren. Der Abteilungsleiter empfiehlt Ihnen, aus Zeitgründen auf die vollständige Vorwärtskalkulation zu verzichten. Stattdessen sollen Sie bei der Microanlage „Boost" mit einem branchenüblichen Kalkulationszuschlag von 75 % und bei dem Bluetooth-Blaster „Fun" (Sonderposten Mediaworld) mit einem Kalkulationsfaktor von 1,7 rechnen. Die unten stehenden Daten haben Sie heute Morgen in der Post vorgefunden:**

Artikel-Nr. 1001 Microanlage „Boost", Preis: 39,00 €, Rabatt: 10 %
Zahlung: 30 Tage nach Lieferung netto oder 14 Tage mit 2 % Skonto
Liefertermin: sofort, Transport- und Verpackungskosten 25,00 €

Artikel Nr. 1006 Bluetooth-Blaster „Fun" (Sonderposten Mediaworld), Preis: 42,75 €, Rabatt: 5 %, frei Haus

a) Berechnen Sie den Einstandspreis für die Microanlage.

Rechengröße	Wert

b) Berechnen Sie den Bruttoverkaufspreis für eine Microanlage und einen Bluetooth-Blaster.

c) Ergänzen Sie:

Formel zur Berechnung des Bruttoverkaufspreises bei gegebenem Kalkulationszuschlag:

Bruttoverkaufspreis = Einstandspreis + ...

Formel zur Berechnung des Bruttoverkaufspreises bei gegebenem Kalkulationsfaktor:

Bruttoverkaufspreis = Einstandspreis · ....

Bruttoverkaufspreis Microanlage „Boost" ....

ARBEITSAUFTRAG 4: **Vervollständigen Sie den nachstehenden Lückentext.**

Der .... bezeichnet bei Handelsunternehmen den Aufschlag, der auf den Einstandspreis vorgenommen wird, um zum Listenverkaufspreis zu gelangen. Der .... ist der Multiplikator, mit dem multipliziert der Einstandswert den Listenverkaufspreis ergibt.

ARBEITSAUFTRAG 5: **Recherchieren Sie im Internet einige Beispiele zu Verstößen gegen die Preisklarheit und Preiswahrheit.**

....

....

Anforderungssituation 4.2

1 Umsatz als Abbild des Warenverkehrs

S. 174

ARBEITSAUFTRAG 1: Beschreiben Sie die nachfolgende Grafik zur Investitionsverteilung mit Ihren eigenen Worten.

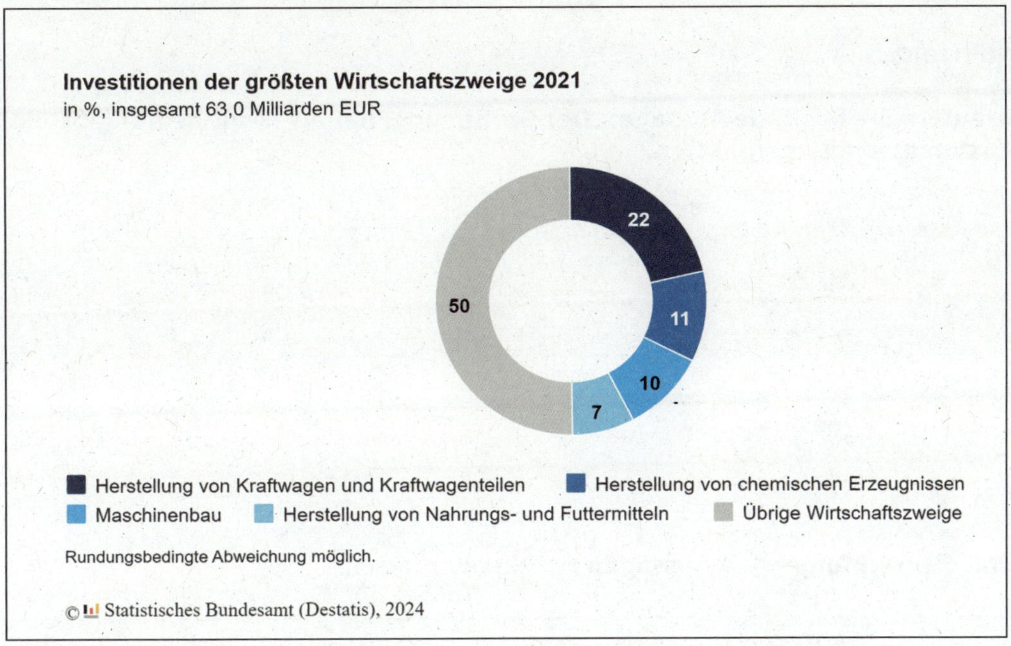

....

....

....

....

....

ARBEITSAUFTRAG 2: Besuchen Sie die Webseite https://www.handelsdaten.de/branchen. Hier finden Sie zahlreiche Wirtschaftsbereiche, in denen Handelsunternehmen tätig sind. Recherchieren Sie für vier Branchen Ihrer Wahl wichtige Daten wie Anzahl der Unternehmen/Filialen, Jahresumsatz, Marktanteil oder Anzahl der Beschäftigten.

....

....

....

....

....

. . . .

. . . .

. . . .

Anforderungssituation 4.2

2 Sortimentsveränderung

S. 177, 179

ARBEITSAUFTRAG 1: **Erläutern Sie folgende Aussage: „Der Großhandel hat als wichtige Aufgabe die Sortimentsbildungsfunktion."**

. . . .

. . . .

. . . .

. . . .

. . . .

ARBEITSAUFTRAG 2: **Sind die nachfolgenden Aussagen richtig oder falsch?**

Aussagen	Richtig	Falsch
Die Personalkapazität eines Handelsbetriebs bestimmt den Umfang des Sortiments.		
Das Randsortiment ist das grundlegende Sortiment eines Großhändlers.		
Wenn aus der Produktgruppe Hosen die Jeans Johnny C. aus dem Programm gestrichen wird, nennt man dies Sortimentselimination.		
Die Loden Einzelhandels KG nimmt den Wanderschuh Heino in ihr Sortiment auf. Dies nennt man Sortimentsinnovation.		
Die Loden Einzelhandels KG nimmt als Sortimentsdifferenzierung den Wanderschuh Hansi H. zusätzlich in das Sortiment auf.		
Die CD-Packung (50 Stück) wird durch einen preisgünstigen USB-Stick eliminiert.		

ARBEITSAUFTRAG 3: **Der Vater von Andreas Zimmer, dem Praktikanten der Mediaworld e. K., plant, in Duisburg einen Kiosk zu eröffnen. Als Geschäftsraum hat er ein kleines Gebäude mit Verkaufsraum, Ladenlokal und Toilette gemietet. Der Kiosk liegt in einem Wohnviertel, in dem es auch ein Seniorenheim, einen Kindergarten, eine Grundschule und einen kleinen Sport- und Spielplatz gibt.**
Stellen Sie das Sortiment für diesen neuen Kiosk zusammen.

. . . .

. . . .

. . . .

Für Kundenaufträge innerbetriebliche Leistungen und Logistik erbringen

Anforderungssituation 5.1

1 Wareneingänge erfassen und prüfen

S. 188

ARBEITSAUFTRAG: **Die Mediaworld e. K. bestellt bei der Audiotronic GmbH folgende Artikel:**

Angebot vom 12.03.20..	**Lieferbetrieb: Audiotronic GmbH, Bahnhofstraße 33 59123 Unna**		
Bestelldatum 15.03.20..			
Lieferzeit 5 Werktage			
Position	**Art.-Nummer**	**Art.-Bezeichnung**	**Menge**
1	4711	Mammuth-Boxen Eiszeit	500
2	6121	Satellitenlautsprecher Schwarz	120

Vereinbarungsgemäß wird die Ware per Lkw am 22.03.20.. geliefert. Die Ware wird unter Vorbehalt angenommen.

a) Prüfen Sie die Richtigkeit der Warenlieferung anhand der nachfolgenden Daten aus dem beiliegenden Lieferschein.

Lieferschein			**Nr. 3350407**	
Absender: Lieferbetrieb: Audiotronic GmbH, Bahnhofstraße 33 59123 Unna			Empfänger: Mediaworld e. K. Krefelder Str. 92 47226 Duisburg	
Versanddatum		**22.03.20..**	**Bestelldatum: 15.03.20..**	
Pos.	**Art.-Nr.**	**Artikelbez.**	**Menge**	**Einheit**
1	4711	Mammuth-Boxen Eiszeit	490	Stück
2	6122	Satellitenlautsprecher Silber	120	Stück

b) Notieren Sie sich Ihr Ergebnis. Machen Sie einen Vorschlag, wie sich die Mediaworld e. K. gegenüber der Audiotronic GmbH verhalten soll.

Anforderungssituation 5.1

2 Weiterleitung von Waren nach vorgegebenen betrieblichen Regelungen

S. 190

ARBEITSAUFTRAG 1: Fügen Sie die nachfolgenden Begriffe in den Lückentext ein.

Warendurchlauf – integrierte Warenwirtschaftssysteme – Datenübertragung – Computers – geschlossenen Warenwirtschaftssystemen – Großhandelsbetrieben – offenen Warenwirtschaftssystem – manuell

Bei .... werden alle Aufgaben der Warenwirtschaft mithilfe eines .... gelöst. Die EDV-Anlage begleitet den gesamten .... durch das Unternehmen. In den letzten Jahren ist es zu einem umfassenden Einsatz geschlossener Systeme in vielen .... gekommen.

Sogenannte .... binden Kundinnen und Kunden, Lieferbetriebe und Banken in die Warenwirtschaft des Großhandels ein. Die Daten fließen ohne manuelle Erfassung direkt durch .... in das EDV-System der Marktpartner.

Von einem .... spricht man, wenn nur ein Teil der warenwirtschaftlichen Arbeiten mithilfe des Computers erfolgt. Die übrigen Aufgaben werden .... gelöst.

ARBEITSAUFTRAG 2: Welche der nachfolgenden Tätigkeiten sind bei der Einlagerung der eingetroffenen Ware durchzuführen und welche nicht?

Tätigkeiten	Ja	Nein
Kontrolle der Schrauben am Regal		
Stichprobenartige Überprüfung der Waren		
Überprüfung der Warenverpackung auf Schäden		
Schließen des WWS und Herunterfahren des Computers		
Eingabe der Warendaten im WWS		
Einstellen eines neuen Bildschirmschoners am Lagercomputer		

Anforderungssituation 5.1

3 Sachgerechte Lagerung und Pflege der Ware

S. 192

ARBEITSAUFTRAG 1: Was versteht man unter einer sachgerechten Lagerung der Ware?

....

....

....

....

ARBEITSAUFTRAG 2: Tragen Sie ein, welche Lagerart gemeint ist.

Lagerung vor Ort	
Übereinander angeordnete Lagerflächen	
Lagerung in Lagerhäusern	
Lagerart für Flüssigkeiten	
Lager bis maximal zwölf Meter Höhe	
Lager im Freien	

ARBEITSAUFTRAG 3: Bei welcher Verhaltensweise verstoßen die Mitarbeitenden gegen einen Grundsatz der ordnungsgemäßen Lagerung?

Sie führen einen Lagerplan.	
Sie stellen einen neu eingetroffenen Artikel vor gleiche Artikel, um die Übersicht zu behalten.	
Sie schützen die Ware durch Abdeckung vor Umwelteinflüssen.	
Sie lagern die neue Ware hinter der älteren.	

Anforderungssituation 5.1

4 Warenverkehr anhand von Belegen erfassen

s. 196

ARBEITSAUFTRAG 1: Nennen Sie die Belege, die gemeint sind. Beachten Sie dabei, ob es sich jeweils um einen Waren<u>eingang</u> oder einen Waren<u>ausgang</u> handelt.

Anlieferung von Waren durch den Lieferbetrieb	
Einforderung des Kaufpreises durch den Lieferbetrieb	
Auftrag an unsere Bank zur Zahlung eines Betrages an den Lieferbetrieb	
Bitte eines Kunden um Lieferung der Ware	
Das Lager verschickt Ware an eine Kundin.	
Forderung an einen Kunden, die Ware zu bezahlen	
Eine Kundin begleicht die gestellte Forderung des Kaufpreises.	

ARBEITSAUFTRAG 2: **Welche Belege sind Teil der Warenerfassung (ja) und welche nicht (nein)? Begründen Sie stichwortartig Ihre Entscheidung.**

Beleg	Ja	Nein	Begründung
Tankrechnung des Spediteurs			
Ausgangslieferschein			
Eingangsrechnung			
Packzettel der Lageristin/des Lageristen			
Ausgangsrechnung			
Eingangslieferschein			
Angebot des Lieferbetriebs			
Kontoauszug über die Bezahlung der Warenlieferung			
Lagerkarteikarte im WWS			

ARBEITSAUFTRAG 3: **Überlegen Sie jeweils, in welcher Abteilung der Mediaworld e. K. die nachfolgenden Belege erstellt werden. Begründen Sie kurz Ihre Entscheidung bei nicht eindeutigen Lösungen.**

Beleg	Abteilung	Gegebenenfalls Begründung
Ausgangsrechnung		
Packschein		
Eingangslieferschein		
Überweisungsformular		
Fehlermeldung an den Lieferbetrieb		
Ausgangslieferschein		
Tankquittung der Fahrerin/des Fahrers		
Überweisungsformular zur Begleichung einer Lieferantenrechnung		

Käuferverhalten analysieren und einfache Marketingmaßnahmen entwickeln

Anforderungssituation 6.1

1 Kaufgründe und Marketing

ARBEITSAUFTRAG: **Der Auszubildende Bastian Lenz verkauft in der Verkaufsboutique der Mediaworld e. K. sehr erfolgreich Produkte an verschiedenste Kundinnen und Kunden, weil er ein Gespür für ihre Kaufmotive entwickelt hat. Besonderen Spaß macht Bastian der Verkauf von Computerzubehör. Hören Sie Bastian zu und finden Sie heraus, welches Motiv Bastian Lenz in den folgenden Verkaufsgesprächen jeweils anspricht.**

Verkaufsgespräch	Kaufmotiv
Nr. 1  Ich empfehle Ihnen diesen Drucker, das Modell wurde mit dem „Blauen Engel" ausgezeichnet.	
Nr. 2  Dieser Hersteller achtet wirklich nicht nur auf die Funktionalität, sondern auch auf die Form: Wie finden Sie die markante weiße Frontseite, die im ausgeprägten Kontrast zum schwarzen Gehäuse steht?	
Nr. 3  Der Drucker ist äußerst robust, produziert qualitätsstarke Ausdrucke, hat kurze Druckzeiten und obendrein geringe Verbrauchskosten.	
Nr. 4  Für einen Fotodrucker ist der Preis ein echtes Schnäppchen, das gibt es so schnell nicht wieder.	
Nr. 5  Das hier ist das neueste Modell, das gerade auf der Messe vorgestellt wurde; natürlich ist ein 3-D-Drucker immer noch nicht gerade billig, aber Ihre Freunde werden Augen machen, wenn Sie ihnen 3-D-Figuren als Geschenk mitbringen.	

Anforderungssituation 6.1

2 Marktforschung

ARBEITSAUFTRAG 1: **Ergänzen Sie das Schaubild zu den Methoden der Marktforschung, indem Sie die fehlenden Begriffe in die markierten Kästchen eintragen.**

Methoden der Marktforschung

Daten müssen erst selbst erhoben werden.

Personen beantworten Fragen zu bestimmten Themen, entweder im persönlichen Gespräch, telefonisch oder schriftlich.	Das Verhalten von Personen unter bestimmten Umständen wird betrachtet und ausgewertet.	Es wird überprüft, ob bestimmte Vermutungen zutreffen, entweder im Labor oder in der normalen Lebenswelt.
Eine feste Gruppe von Personen wird in regelmäßigen Abständen zu gleichbleibenden Themen befragt.		

Informationen und Daten, die schon vorhanden sind, werden aufbereitet und ausgewertet.

Beispiele: Umsatzstatistiken Berichte von Außendienstmitarbeitern/-mitarbeiterinnen Kundenkarteien	Beispiele: amtliche Statistiken Informationen von Wirtschaftsverbänden Veröffentlichung von Zeitungen

ARBEITSAUFTRAG 2: Machen Sie Vorschläge, welche Methoden der Geschäftsführer der Mediaworld e. K., Moritz Wagner, in den folgenden Situationen jeweils einsetzen sollte, um seinen Informationsbedarf zu decken.

Beispiel:
Weil es ihm nicht mehr zeitgemäß erscheint, möchte Moritz Wagner das Logo der Mediaworld e. K. verändern. Er möchte nun wissen, wie der Entwurf für das neue Logo bei den Kunden ankommt.

Primärforschung	Befragung

Fälle:

1. Moritz Wagner benötigt die Absatzzahlen eines Artikels aus den letzten sechs Monaten.

2. Er möchte außerdem wissen, wie zufrieden die Kundinnen und Kunden sind, die diesen Artikel in den letzten sechs Monaten bei der Mediaworld e. K. bestellt haben.

3. Er möchte wissen, wie viele Kundinnen und Kunden in der Verkaufsboutique zielgerichtet einen bestimmten Bereich ansteuern und gegebenenfalls, welchen.

4. Er benötigt Informationen über die voraussichtliche gesamtwirtschaftliche Entwicklung im kommenden Jahr.

5. Von seinen Großkunden möchte Moritz Wagner regelmäßig (jährlich) eine Rückmeldung über die Servicequalität der Mediaworld e. K.

6. Moritz Wagner möchte vorab herausfinden, wie Hörer/-innen auf den neuen Radiospot der Mediaworld e. K. reagieren, insbesondere, was sie im Gedächtnis behalten.

Benötigte Begriffe:
Primärforschung, Sekundärforschung, betriebsinterne Quellen, betriebsexterne Quellen, Befragung, Beobachtung, Test/Experiment (Achtung: Einige Begriffe kommen mehrfach vor.)

Anforderungssituation 6.2

1 Produktpolitik

ARBEITSAUFTRAG: **Die Mediaworld e. K. verkauft seit fünf Jahren mit großem Erfolg die vertikale USB-Mouse VER 3000, mit der Beschwerden am Unterarm, dem sogenannten Mausarm, reduziert werden sollen. Die folgende Statistik enthält die Absatzentwicklung des Produkts bei der Mediaworld e. K.**

Jahr	1	2	3	4	5	6*
Absatz (in Stück)	3 200	5 000	10 000	18 000	22 000	21 000

*prognostizierter Absatz für das laufende Jahr

a) Stellen Sie die Absatzentwicklung grafisch dar, indem Sie diese in das unten stehende Koordinatensystem eintragen.

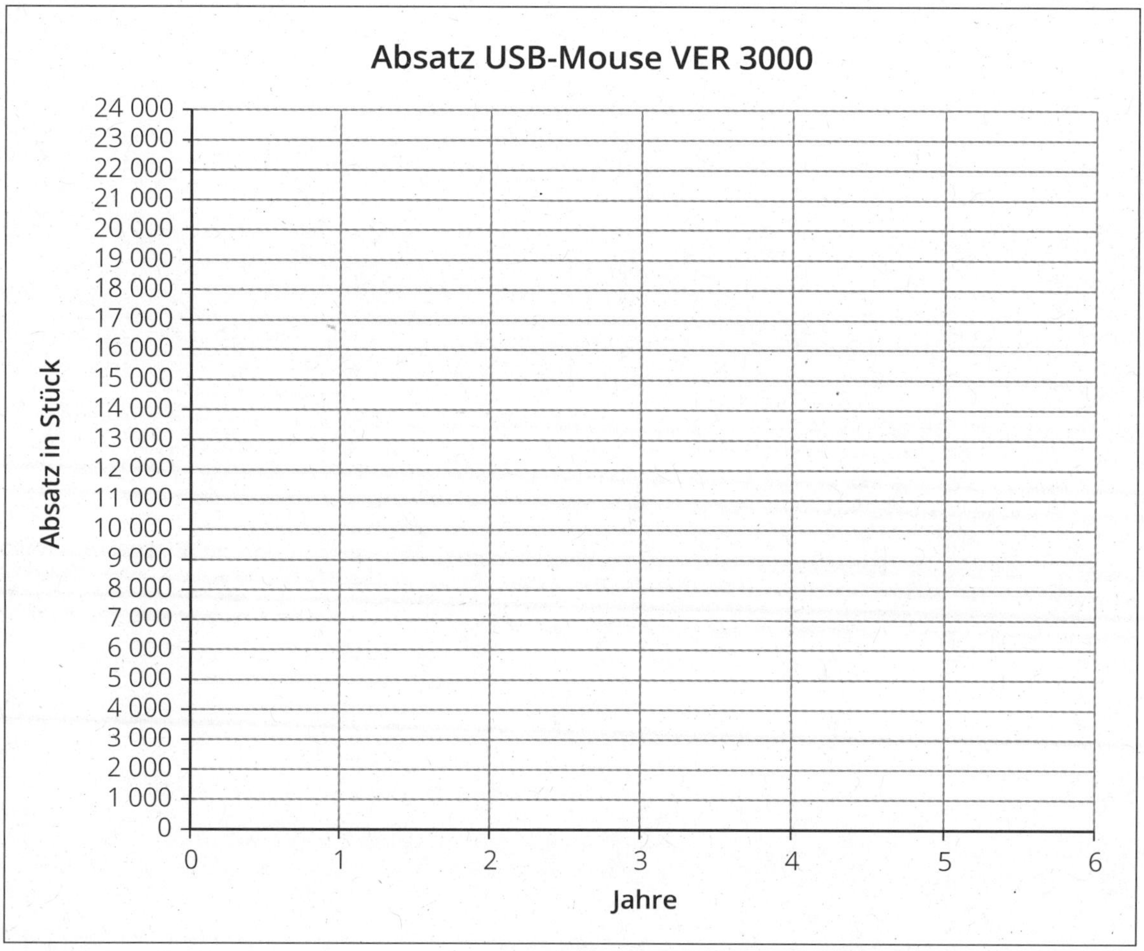

b) Nennen und begründen Sie, in welcher Phase des Produktlebenszyklus sich dieses Produkt befindet.

Phase:
Begründung:

c) Die Entwicklung des Absatzes bei der Mediaworld e. K. entspricht dem Trend auf dem gesamten Markt. Wie könnte der Hersteller auf diese Entwicklung reagieren? Ergänzen Sie die Darstellung der möglichen produktpolitischen Maßnahmen, indem Sie die entsprechenden Fachbegriffe eintragen.

Mögliche Maßnahme	Fachbegriff
Die Computermouse wird für Rechtshänder/-innen und zusätzlich auch für Linkshänder/-innen angeboten.	
Eine neue vertikale Computermouse mit einer anderen Form, entwickelt von einem bekannten Designer, wird auf den Markt gebracht.	
Die USB-Mouse VER 3000 wird vom Markt genommen.	
Die Computermouse erhält eine andere Artikelbezeichnung, ANTI.Maus 3000, um besser auf ihre Funktion aufmerksam zu machen.	
Die Computermouse wird nicht mehr nur in Schwarz-Grau sondern auch in anderen Farbkombinationen (Weiß-Grün, Schwarz-Blau, Rot-Weiß) angeboten.	

d) Entscheiden Sie, welche der in c) aufgeführten Maßnahmen in den folgenden Situationen jeweils am ehesten angebracht wäre.

Situation	Maßnahme
Die USB-Mouse VER 3000 trägt einen großen Teil zum Umsatz des herstellenden Unternehmens bei.	
Es gibt viele Anbieter, die mit ähnlichen Produkten am Markt sind, und die große Konkurrenz hat zu einem Verfall der Preise geführt.	
Eine Marktforschung hat ergeben, dass Konsumentinnen und Konsumenten die Handhabung nicht als optimal empfinden.	

Anforderungssituation 6.2

2 Preispolitik

ARBEITSAUFTRAG 1: **Moritz Wagner beschließt, eine neu angebotene Gaming-Mouse (Racerbluemax, leuchtend, kabellos, Auflösung 8 200 dpi, 11 Tasten), die er auf einer Messe gesehen hat, in das Sortiment der Mediaworld e. K. aufzunehmen; jetzt muss ein Preis für den Artikel festgelegt werden. Auf der Messe wurde Moritz Wagner folgendes Angebot unterbreitet:**

Listeneinkaufpreis, netto:	**11,50 €**
Lieferantenrabatt:	**5 %**
Lieferantenskonto:	**3 %**

Die Mediaworld e. K. kalkuliert mit einem Gewinnzuschlag von 25 % und Handlungskosten von 35 %, der Umsatzsteuersatz beträgt 19 %. Die Bezugskosten betragen 0,31 € pro Stück. Ergänzen Sie das Kalkulationsschema um die fehlenden Begriffe und berechnen Sie den Barverkaufspreis (brutto).

Listeneinkaufspreis	
–	
= Zieleinkaufspreis	
–	
= Bareinkaufspreis	
+	
= Bezugspreis	
+	
= Selbstkosten	
+	
= Barverkaufspreis, netto	
+	
= Barverkaufspreis, brutto	

EXPERTENAUFTRAG: **Als Moritz Wagner die Preise seines Unternehmens mit denen anderer Anbieter vergleicht, stellt er fest, dass die ERGOTEC KG den gleichen Artikel für 19,49 € (brutto) anbietet. Stellen Sie fest, ob und wie viel Gewinn die Mediaworld e. K. noch erzielen kann, wenn Sie den Preis unterbietet und einen Barverkaufspreis in Höhe von 18,99 € (brutto) verlangt.**

ARBEITSAUFTRAG 2: **Stellen Sie fest, welche Preisstrategie in den folgenden Fällen vorliegt.**

a) Moritz Wagner achtet bei der Computermouse Speedy darauf, dass der Preis immer etwas niedriger liegt als bei der Konkurrenz.

....

b) Die Mediaworld e. K. bietet die Computermouse Speedy für 5,99 € pro Stück an; an; ab einer Abnahmemenge von 50 Stück kostet der Artikel nur noch 5,40 €, ab einer Abnahmemenge von 250 Stück 4,99 €, ab 500 Stück 4,79 €.

....

c) Die Computermouse ANTI.Maus 3000 wird bewusst zu einem hohen Preis angeboten, um die Qualität des ergonomischen Produkts zu unterstreichen.

....

d) Schüler/-innen erhalten im Verkaufsshop der Mediaworld e. K. beim Kauf von Computerzubehör einen Rabatt von 5 %.

....

e) Am verkaufsoffenen Sonntag werden im Verkaufsshop der Mediaworld e. K. alle Artikel mit einem Rabatt von 10 % verkauft.

....

f) Die Mediaworld e. K. bietet ihre Artikel Geschäftskunden in Österreich günstiger und in der Schweiz teurer als in Deutschland an.

....

Anforderungssituation 6.2

3 Kommunikationspolitik

ARBEITSAUFTRAG: **Bastian Lenz hat im Auftrag von Moritz Wagner einen Werbeplan für eine Kampagne erstellt, mit der der Absatz der Computermouse ANTI.Maus 3000 erhöht werden soll. Bastian hat stichpunktartig alles aufgelistet, aber noch nicht in eine sinnvolle Reihenfolge gebracht. Helfen Sie Bastian, indem Sie seine Notizen um die entsprechenden Nummern und Überschriften ergänzen.**

(1) Werbeziel; (2) Werbebotschaft; (3) Zielgruppe; (4) Streuzeit; (5) Werbemittel; (6) Streugebiet; (7) Werbebudget

Bastians Notizen
• Geschäftskunden/Fachgeschäfte, die Computerzubehör verkaufen
• drei Monate lang, Start am 01.12.20..
• Anzeigen in zwei Fachzeitschriften; Werbebrief an alle Kundinnen und Kunden aus der Zielgruppe in der Kundendatei, kurzer Werbetext in geschäftlichen E-Mails an diese Kundinnen und Kunden plus PDF-Dokument mit Produktbeschreibung als E-Mail-Anhang
• 5.000,00 €
• deutschlandweit
• angenehmes, leichtes Arbeiten durch Verringerung der Muskelspannung in Hand und Arm, zur Vorbeugung und bei beginnenden Muskelbeschwerden
• Erhöhung des Absatzes um 25 % im nächsten Jahr

EXPERTENAUFTRAG: **Erstellen Sie einen Werbeplan für die Gaming-Mouse Racerbluemax, mit der Kunden des Verkaufsshops auf das Produkt aufmerksam gemacht werden sollen.**

Anforderungssituation 6.2

4 Distributionspolitik

ARBEITSAUFTRAG: **Stellen Sie fest, welche Aussagen**

a) nur auf Handelsvertreter/-innen,
b) nur auf Handlungsreisende,
c) auf beide zutreffen.

Nr.	Aussagen	Trifft zu auf
1.	Ist bei einem Unternehmen fest angestellt.	
2.	Berät Kundinnen und Kunden.	
3.	Bekommt ein festes Monatsgehalt (Grundgehalt).	
4.	Wirbt neue Kundinnen und Kunden für das Unternehmen.	
5.	Bekommt ausschließlich eine umsatzabhängige Vergütung.	
6.	Arbeitet für mehrere Unternehmen.	
7.	Ist selbstständige/r Kaufmann/-frau.	
8.	Bekommt Provision.	
9.	Schließt Verträge für das Unternehmen ab.	
10.	Wenn der Umsatz in einem Vertriebsbereich hoch ist, ist ihr oder sein Einsatz in der Regel kostengünstiger.	

Anforderungssituation 6.2

5 Service- und Konditionenpolitik

ARBEITSAUFTRAG: **Ergänzen Sie das Schaubild zur Service- und Konditionenpolitik.**

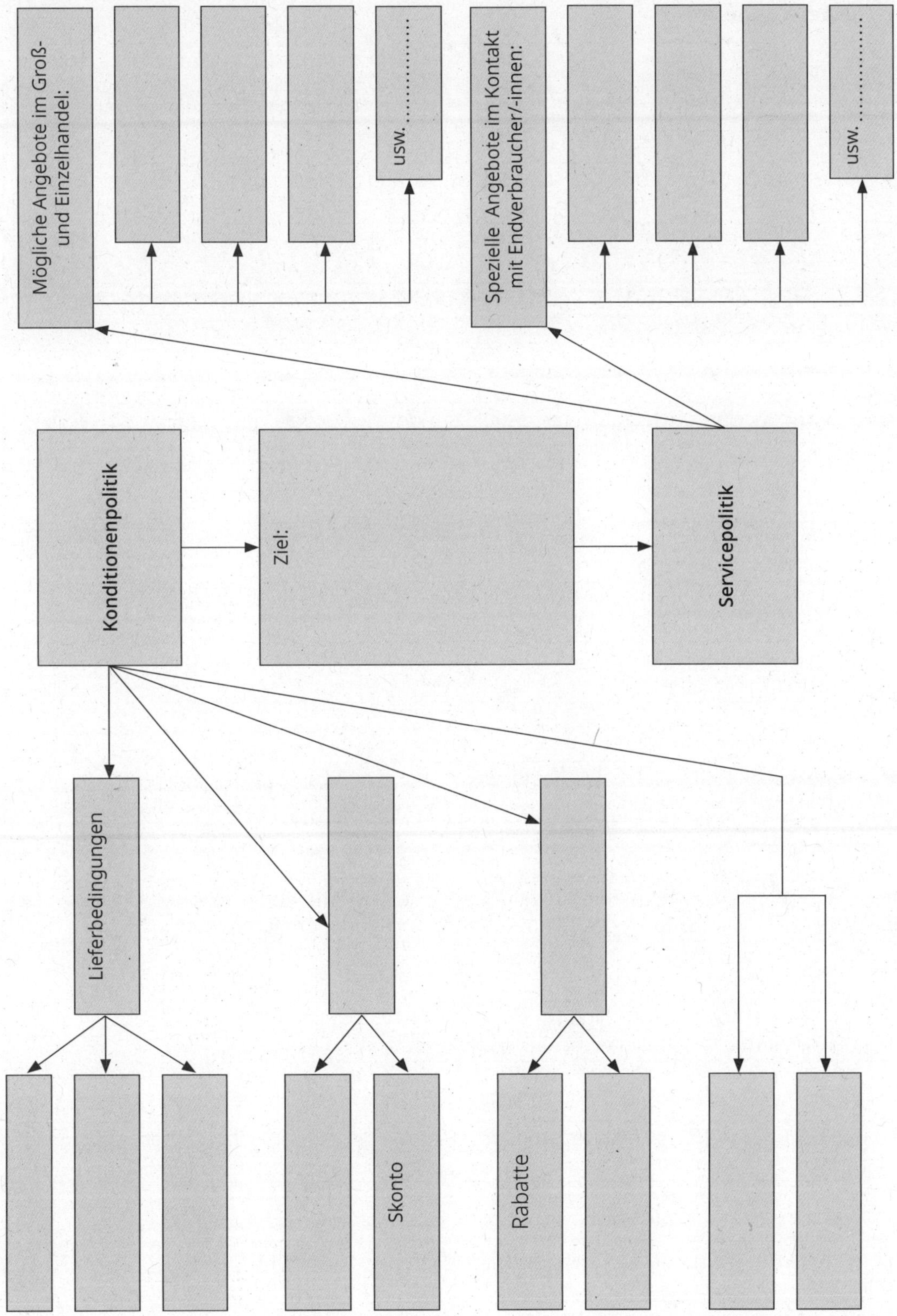

Anforderungssituation 6.2

6 Marketingmix

ARBEITSAUFTRAG: **Untersuchen Sie folgende Marketingmaßnahmen eines Smartphone-Herstellers daraufhin, zu welchem Bereich des des Marketingmixes die Maßnahmen jeweils gehören.**

1.	Die Geräte sind deutlich teurer als die anderer herstellender Unternehmen, die Geräte mit ähnlichen Leistungsmerkmalen anbieten.
2.	Das herstellende Unternehmen legt großen Wert auf ein gutes, auffallendes und wertiges Design seiner Produkte.
3.	Die Produkte werden nur in eigenen (exklusiv gestalteten und ausgestatteten) Stores (in 1A-Lagen) sowie bei ausgewählten Händlern angeboten.
4.	Die Geräte werden nicht als Gebrauchsgüter dargestellt, sondern als „coole" und „stylische" Trendprodukte.
5.	Das herstellende Unternehmen versucht niemals, die Konkurrenz preislich zu unterbieten, auch wenn die Konkurrenz auf dem Markt sehr groß ist.
6.	Es werden vor allem die Gefühle der Kundinnen und Kunden angesprochen, sie werden nicht mit technischen Details „belästigt".
7.	Die Qualität der Produkte ist hoch, sie sind langlebig, wenn auch häufig schwer zu reparieren.
8.	Es wird versucht, die Kundinnen und Kunden durch immer neue Design-Ideen und Anwendungen dazu zu bringen, ein neues Modell zu kaufen, obwohl das alte noch voll funktionsfähig ist.
9.	Das Nachfolgemodell wird schon angekündigt, kurz nachdem ein Modell auf dem Markt gekommen ist, bis zur Präsentation wird jedoch alles Weitere geheim gehalten.
10.	Es werden kostenlose Namens-Gravuren angeboten, die einen Weiterverkauf gebrauchter Produkte erschweren.
11.	Die Kundinnen und Kunden sollen dazu gebracht werden, die Geräte offen und mit Stolz zu tragen – als Teil ihrer Persönlichkeit.

12.	Am ersten Verkaufstag eines neuen Modells wird immer nur eine ziemlich geringe Menge ausgeliefert, um dann melden zu können, das Produkt sei bereits ausverkauft.
13.	Bei der Markteinführung eines neuen Modells verzichtet das Unternehmen gelegentlich ganz auf begleitende Anzeigen und Spots im TV oder Hörfunk.
14.	Ist ein Gerät auf dem Markt eingeführt, wird es bald in verschiedensten Varianten (z. B. Farbe, Größe, Ausstattungsmerkmale) angeboten.
15.	Die Produkte sind so häufig wie bei kaum einem anderen Unternehmen in Kinofilmen, TV-Serien und Musikvideos vertreten.
16.	Auch die Verpackungen sind Design-Produkte, die häufig patentiert sind und schon das Auspacken zu einem Erlebnis machen sollen.

Kundenaufträge bearbeiten und Auftragsabwicklungen durchführen

Anforderungssituation 7.1

1 Rechtssubjekte und Rechtsfähigkeit

ARBEITSAUFTRAG: **Bastian Lenz ist zurzeit im Lager der Mediaworld e. K. eingesetzt. In der Mittagspause unterhält er sich mit seinem 53-jährigen Kollegen Peter Bäumer über das Thema Testament und Erbe. Damit hat sich Peter in letzter Zeit öfter beschäftigt. Er hat dazu einige Fragen, die ihm Bastian aber leider auch nicht bzw. nur sehr unzureichend beantworten kann. Helfen Sie Bastian und formulieren Sie die richtigen Antworten für ihn.**

Bastian: „Das Thema hatten wir auch gerade in der Berufsschule."
Peter: „Dann kannst du mir ja vielleicht einmal eine Frage beantworten: Was heißt eigentlich ‚rechtsfähig'?"
Bastian: „So genau weiß ich das auch nicht, irgendwas mit Rechten, die man hat."

Meine Antwort:

....

....

Peter: „Ach ja? Wohl nicht so gut aufgepasst oder?"
Bastian: „Doch, ich weiß auf jeden Fall, dass Personen rechtsfähig sind, also, da gab es so einen Fachbegriff, ja doch: ‚Natürliche Personen'!"
Peter: „Was sind das denn für Personen?"
Bastian: „Personen halt, ich denk mal Menschen oder so."
Peter: „Alle Menschen? Auch Kinder?"
Bastian: „Ja so genau ..."

Meine Antwort:

....

....

Peter: „Du weißt ja, ich denk darüber nach, wem ..."
Bastian: „Mir ist gerade noch was eingefallen, es gibt auch noch juristische Personen!"
Peter: „Was ist das denn jetzt schon wieder?"
Bastian: „Keine Ahnung, aber es hat schon etwas mit Rechtsfähigkeit zu tun."

Meine Antwort:

....

....

Peter: „So richtig viel weißt du aber nicht ..."
Bastian: „Ich weiß aber, dass es zwei Arten von juristischen Personen gibt."
Peter: „Welche denn?"
Bastian: „Das weiß ich auch: Es gibt juristische Personen privaten Rechts und ..."
Peter: „Und was?"
Bastian: „Alles weiß ich auch nicht."

Meine Antwort:

....

....

Peter: „Na gut, aber dann erkläre mir wenigsten die juristischen Personen privaten Rechts."
Bastian: „Na ja … mhhh …"
Peter: „Egal. Das hilft mir ja wahrscheinlich auch nicht weiter bei der Frage, wem ich was vererben kann, z. B. einem Verein."
Bastian: „Nein, das glaub ich auch nicht."

Meine Antwort:

....

....

Peter: „Und was ist jetzt mit Tieren – darüber haben wir noch gar nicht geredet. Haben die keine Rechte?"
Bastian: „Mann, du fragst zu viel …"

Meine Antwort:

....

....

Anforderungssituation 7.1

2 Geschäftsfähigkeit

ARBEITSAUFTRAG: **Ergänzen Sie die Lücken in dem folgenden Text. Die Lückenwörter finden Sie hier:**

Arbeitsvertrag – beschränkt geschäftsfähig – Botengänge – erfüllen – Geld – Geldgeschenk – geschäftsunfähig – gesetzliche Vertreterin/gesetzliche Vertreter – kündigen – nichtig – rechtliche Vorteile – schwebend unwirksam – selbstständig – Taschengeld – Unternehmen – voll geschäftsfähig – Ware

Geschäftsfähigkeit bedeutet, dass jemand .... Rechtsgeschäfte tätigen kann, z. B. Verträge abschließen oder kündigen.

Es werden drei Stufen der Geschäftsfähigkeit unterschieden:

Kinder sind von der Geburt bis zum siebten Geburtstag ....

Schließt ein kleines Kind ein Geschäft ab, indem es z. B. Spielzeug kauft, ist dieses Geschäft von Anfang ungültig bzw. .... Das Geschäft ist erst gar nicht zustande gekommen, mit der Folge, dass .... und .... zurückgegeben werden müssen.

Einzige Ausnahme:

Kinder unter sieben Jahren können ...., wie z. B. Brötchen holen, für ihre Eltern erledigen.

Ab dem siebten Geburtstag ist man ....

.... Schließt man dann ein Geschäft ab, so ist dieses ...., dies bedeutet, es ist weder gültig noch ungültig, bis die/der ...., das sind in der Regel die Eltern, dem Geschäft zustimmt oder es ablehnt.

Es gibt jedoch einige Ausnahmefälle, in denen eine beschränkt geschäftsfähige Person ein Rechtsgeschäft allein abschließen kann, und zwar:

1. Wenn die Person Geschäfte mit ihrem .... voll bezahlt, sind diese auch ohne Zustimmung der Eltern gültig.
2. Wenn die Person durch das Rechtsgeschäft ausschließlich .... hat, wie das beispielsweise bei einem .... der Fall ist, braucht sie ebenfalls nicht die Zustimmung der Eltern.
3. Wenn die Person mit Zustimmung der Eltern und des Vormundschaftsgerichts ein .... führt, kann sie alle Geschäfte, die damit zusammenhängen, z. B. Personal einstellen, allein tätigen.
4. Wenn die Person (mit Zustimmung der Eltern) einen .... abgeschlossen hat, darf sie alle Geschäfte, die damit zusammenhängen, allein tätigen, auch den Arbeitsvertrag ....

Ab dem 18. Geburtstag ist man ....

...., schließt man ein Rechtsgeschäft ab, ist dieses gültig und man ist daran gebunden, das heißt, man muss die damit eingegangenen Verpflichtungen auch ...., z. B. den vereinbarten Kaufpreis zahlen.

Anforderungssituation 7.1

3 Eigentum und Besitz

ARBEITSAUFTRAG: **Stellen Sie fest, wer in den beschriebenen Fällen jeweils Eigentümerin oder Eigentümer und wer Besitzerin oder Besitzer ist.**

Situation	Eigentümer/-in	Besitzer/-in
1. Praktikant Andreas leiht sich vom Auszubildenden Bastian ein Schulbuch, um einmal zu sehen, was er in der Berufsschule lernen muss.		
2. Andreas kommt mit dem Bus zur Mediaworld e. K., weil sein Fahrrad gestohlen wurde, der Dieb hat das Vorhängeschloss mit einem Bolzenschneider durchtrennt.		
3. In seinem zweiten Ausbildungsjahr ist Bastian zu Hause ausgezogen, er wohnt jetzt in einem Hochhaus in einem kleinen Appartement, das er bei der Wohnbau König AG gemietet hat.		
4. Frau Kaya kauft in der Verkaufsboutique der Mediaworld e. K. einen 4K-Fernseher, sie bezahlt sofort in bar, nimmt aber den Lieferservice in Anspruch, das heißt, das Gerät wird erst morgen zu ihr nach Hause geliefert.		
5. Herr Kohnen kauft bei der Mediaworld e. K. zwei Boxen, er bezahlt mit seiner girocard und nimmt die Boxen gleich mit.		
6. Die Mediaworld e. K. liefert dem Autohaus Jansen GmbH 50 Autoradios auf Ziel, das heißt, diese müssen erst später (in 30 Tagen) bezahlt werden.		
7. Der Dieb (siehe 2.) verkauft das gestohlene Fahrrad für 100,00 € auf dem Flohmarkt weiter an den ahnungslosen Niklas.		
8. Bei einer Kontrolle stellt die Polizei das Fahrrad sicher und bringt es zunächst einmal in ihre Asservatenkammer.		

Anforderungssituation 7.1

4 Rechtlich verbindliche Kaufverträge abschließen

ARBEITSAUFTRAG 1: **Bastian hat Lernkarten für die Klassenarbeit vorbereitet, um wichtige Sachverhalte zu Vertragsfreiheit und Formvorschriften richtig erklären zu können. Leider hat er erst einmal nur die Rückseiten mit den Definitionen beschriftet und vergessen, auf der Vorderseite zu vermerken, was er da eigentlich erklärt hat. Helfen Sie Bastian und ergänzen Sie die Lernkartei mit den richtigen Begriffen.**

Begriff	Sachverhalt
	Der Vertrag muss schriftlich abgefasst und eigenhändig unterzeichnet werden.
	Alle können für sich entscheiden, mit wem sie einen Vertrag abschließen und mit wem nicht; außerdem kann der Inhalt mit der anderen Vertragspartei frei ausgehandelt werden.
	Der Vertrag wird notariell aufgesetzt und von den Vertragsparteien in Gegenwart der Notarin oder des Notars unterschrieben, diese/dieser bestätigt die Echtheit des Inhalts und der Unterschriften.
	Das Rechtsgeschäft kann (ausnahmsweise) nicht in jeder beliebigen Form abgeschlossen werden, sondern im Gesetz ist eine bestimmte Form vorgeschrieben, damit es gültig ist.
	Das Rechtsgeschäft darf in jeder beliebigen Form abgeschlossen werden.
	Der Vertrag muss schriftlich abgefasst und die Echtheit der Unterschriften muss von der Notarin oder dem Notar bestätigt werden.

ARBEITSAUFTRAG 2: **Das Gleiche wie in Arbeitsauftrag 1 ist Bastian auch bei den Kaufvertragsarten passiert; Sie müssen noch einmal einspringen.**

Begriff	Sachverhalt
	Die Ware wird gekauft, eine genauere Bestimmung der Ware, z. B. der Farbe, erfolgt aber erst später (innerhalb einer bestimmten Frist).
	Der Kaufvertrag wird zwischen zwei Privatleuten abgeschlossen.
	Die Kundin/Der Kunde erhält ein kostenloses Muster, wird bestellt, muss die Ware diesem Muster entsprechen.
	Der Kaufvertrag wird zwischen einer Kauffrau/einem Kaufmann und einer Privatperson abgeschlossen.
	Von der Ware gibt es mehrere/viele gleichartige Exemplare, z. B. Artikel C 3004 USB Stick 32 GB.
	Die Ware wird gekauft, der Liefertermin bleibt aber noch offen; die Kundin/der Kunde kann die Ware dann zu einem von ihr oder ihm festgelegten Termin abrufen.
	Der Liefertermin mit einem Zusatz wie „fix" oder „fest" vereinbart. Wird der festgelegte Termin überschritten, kann die Käuferin/der Käufer sofort vom Kaufvertrag zurücktreten.
	Die Kundin/Der Kunde kauft zunächst eine kleine Menge der Ware und bestellt bei Gefallen eine größere Menge nach.
	Die Verkäuferin/Der Verkäufer muss die Ware sofort nach Eingang der Bestellung liefern.
	Die Ware ist einzigartig und gibt es so nur einmal, z. B. ein Einbauschrank als Sonderanfertigung für die Wohnung der Kundin oder des Kunden.
	Im Kaufvertrag wird ein bestimmter Zeitpunkt oder Zeitraum zur Lieferung der Ware festgelegt
	Der Kaufvertrag wird zwischen zwei Kaufleuten abgeschlossen.
	Die Kundin/Der Kunde bekommt die Ware für eine bestimmte Zeit zum Ausprobieren, gibt sie oder er die Ware nicht zurück, kommt der Kaufvertrag zustande.

ARBEITSAUFTRAG 3: **Ergänzen Sie das folgende Schaubild zur Anfechtbarkeit und Nichtigkeit von Rechtsgeschäften um die fehlenden Gründe und die dazugehörenden Beispiele. Tragen Sie in die grau hinterlegten Felder die fehlenden Gründe und in die weißen Felder die dazu gehörigen Beispiele ein.**

Nichtigkeit
Ein 5-jähriges Kind kauft ein Spielzeug.
vorübergehende geistige Störung
Ein Schuldner verschenkt Schmuck, um eine Pfändung zu verhindern.
Scherzgeschäft
eine Chefin spricht eine mündliche Kündigung aus.
gesetzliches Verbot

Anfechtbarkeit
Irrtum bei der Abgabe der Willenserklärung
Ein Veganer kauft aus Versehen Lederschuhe.
falsche Übermittlung

Wenn Ihnen eigene Beispiele fehlen, können Sie sich bei den folgenden Testbausteinen bedienen:

- Ein Autohändler
- Eine Botin
- Ein Mann
- Eine Nachbarin
- Eine Verkäuferin
- Eine Viersener Hauseigentümerin
- Ein zerstreuter Käufer
- Eine Frau
- bietet am 1. April Rasenmähen (500 m²) für 1,00 € an.
- dreht den Tachostand des angebotenen Pkw zurück.
- erlässt dem mit Schlägen drohenden Kunden 50 % der Rechnung.
- kassiert 650,00 € für ein 15 m² großes Zimmer.
- kauft falsche Ware ein.
- kauft total betrunken einen gebrauchten Pkw.
- trägt eine falsche Bestellnummer ein.
- verkauft Drogen im Park.

ARBEITSAUFTRAG 4: Lösen Sie das Kreuzworträtsel zum Verbrauchsgüterkauf und Internethandel.

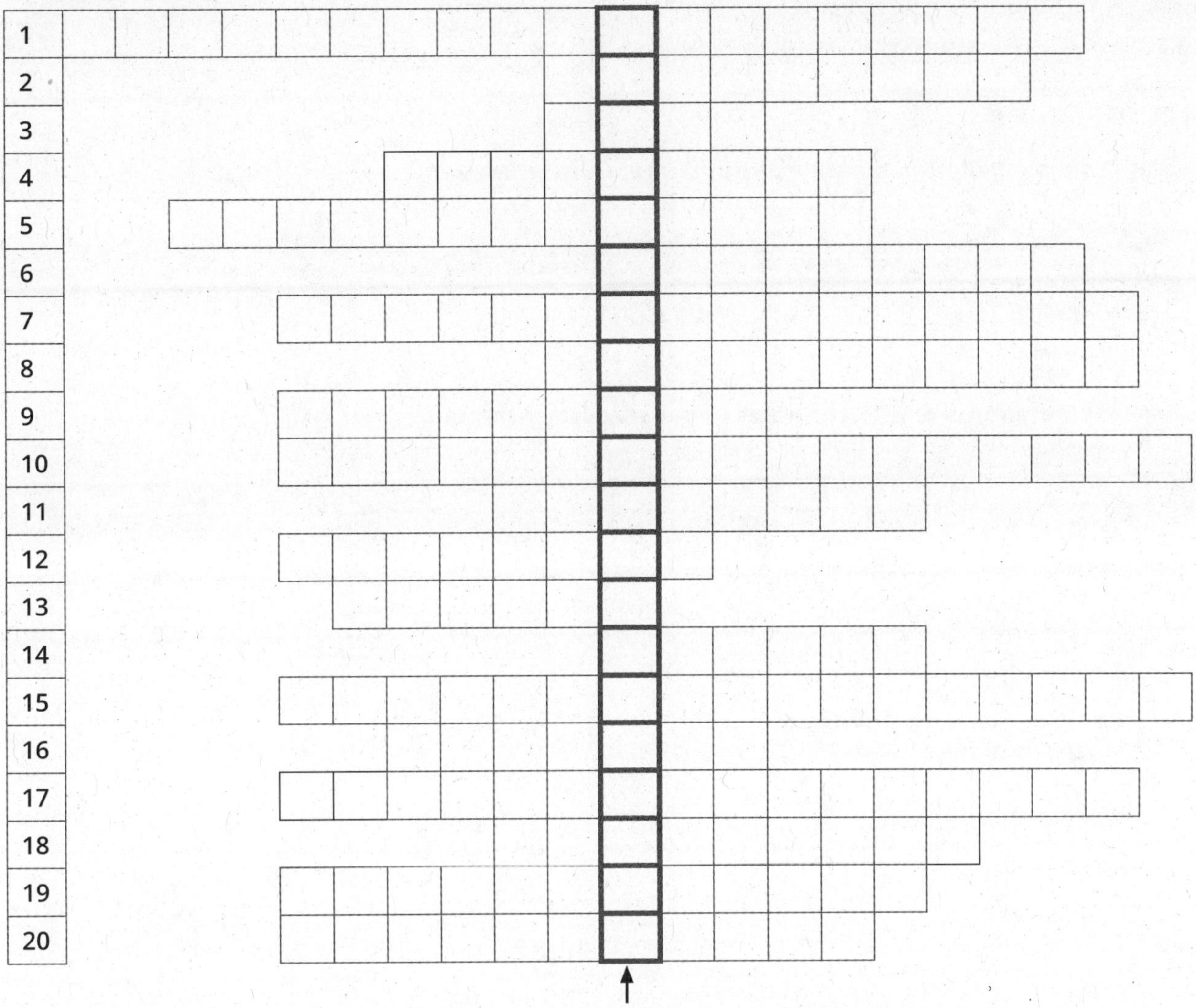

Lösungswort Hinweis: ä bleibt ä usw.

1. Kaufvertrag zwischen Unternehmen und Verbraucher/-innen
2. Anderer Begriff für Nachbesserung
3. Verbraucher/-innen haben ... Jahre Zeit, um eine mangelhafte Ware zu reklamieren.
4. Wer muss in den ersten sechs Monaten nachweisen, ob die Ware bei Lieferung mangelhaft war oder nicht?
5. Anderer Begriff für Minderung
6. Recht der Käuferin/des Käufers, wenn Umtausch oder Reparatur nicht möglich sind
7. Fachbegriff für die in 4. beschriebene Rechtslage
8. Bei ... Sachen kann die Gewährleistungsfrist auf ein Jahr verkürzt werden.
9. Kann zusätzlich vom herstellenden Unternehmen eingeräumt werden
10. Vertrag zwischen Verbraucher/-innen und Unternehmen, der durch Fernkommunikationsmittel zustande gekommen ist
11. Wichtigstes Fernkommunikationsmittel
12. Recht der Käuferin/des Käufers bei Verträgen, die unter 10. gesucht wurden
13. Frist, in der die Käuferin/der Käufer das unter 12. gesuchte Recht ausüben kann: zwei ...
14. Muss die Kundin/der Kunde bei Widerruf des Vertrages nicht angeben
15. Wenn es sich um eine ... Ware handelt, ist ein Widerruf nicht möglich.
16. Weiteres Fernkommunikationsmittel
17. Auch für diese Geschäfte gelten besondere Regelungen zum Schutz der Verbraucher/-innen.
18. Auch bei diesen Waren ist ein Widerruf nicht möglich.
19. Pflicht der Kundin/des Kunden nach einem Widerruf: Sie oder er muss die Ware ...
20. Ein Widerruf muss ... (wie?) erfolgen.

Anforderungssituation 7.1

5 Auftragsabwicklung dokumentieren

S. 271

ARBEITSAUFTRAG 1:

a) Nennen Sie die Bedeutung der Rechnung für ein Unternehmen.

....

....

....

b) Welche Inhalte muss eine Rechnung sinnvollerweise enthalten?

....

....

....

....

c) Wie lange muss eine Rechnung aufbewahrt werden? Recherchieren Sie im Internet nach der rechtlichen Grundlage und notieren Sie sich diese.

....

....

....

....

ARBEITSAUFTRAG 2:

a) Welches ist das eindeutige Unterscheidungskriterium der Artikel der Mediaworld e. K.?

....

....

b) Erläutern Sie den Unterschied zwischen Netto- und Bruttopreis.

....

....

c) Der Mehrwertsteuersatz beträgt zurzeit 19 %. Geben Sie drei mathematische Darstellungsarten hiervon an.

Darstellungsform

Anforderungssituation 7.1

6 Warenausgang überwachen

ARBEITSAUFTRAG 1: **Nennen Sie drei Gründe, warum ein Unternehmen wie die Spindler KG ihre Warenbestände sorgfältig überwachen sollte.**

S. 275

....

....

....

....

....

ARBEITSAUFTRAG 2: **Sind die folgenden Aussagen richtig oder falsch?**

Aussagen	Richtig	Falsch
Das Lager muss immer voll sein.		
Der Meldebestand ist der Bestand, der zumindest auf Lager sein muss.		
Der Mindestbestand wird auch „eiserne Reserve" genannt.		
Der Höchstbestand ist entweder die höchstens im Lager unterzubringende Menge oder wird aus Erfahrungswerten der Vergangenheit ermittelt.		
Wenn die Preise der Lieferbetriebe günstig sind, kann es sich lohnen, über den momentanen Bedarf hinaus einzukaufen.		

Anforderungssituation 7.1

7 Kundenaufträge logistisch abschließen

S. 277

ARBEITSAUFTRAG 1: Recherchieren Sie im Internet, was der Begriff „Logistik“ bedeutet und wo sein Ursprung liegt.

....

....

....

....

....

ARBEITSAUFTRAG 2: Ein Kundenauftrag kann auf verschiedene Art und Weise zusammengestellt (kommissioniert) werden. Ordnen Sie zu:

(1) bei serieller Kommissionierung
(2) bei paralleler Kommissionierung

Kommissionierung	Art
Ein Kundenauftrag wird in mehrere Teilaufträge zerlegt.	
Die Abarbeitung eines Kundenauftrags erfolgt der Reihe nach.	
Die Durchlaufzeit wird verkürzt.	
Die Kommissionierer müssen sich gut abstimmen.	
Lässt sich leicht organisieren	
Dauert vergleichsweise länger	
Jeder Kommissionierer ist nur für seine Lagerzone zuständig.	
Hohe Kommissionierungskosten durch weite, oft unnötige Wege	

S. 281

ARBEITSAUFTRAG 3: Ergänzen Sie den unten stehenden Lückentext mit den nachfolgenden Begriffen.

Lagerfunktion – Umwelteinflüsse – aufmerksam – Verkaufsfunktion – wichtige – Informationsfunktion – Kennzeichnung – Transportfunktion – Schutzfunktion – lagerfähig

Die Verpackung eines Produkts ist nicht nur einfach seine Hülle, sondern erfüllt .... Funktionen. Wenn eine Kundin oder ein Kunde auf das Produkt aufgrund seiner Verpackung mit Logos, Bildern und Texten .... geworden ist, erfüllt sie die .... Das Produkt soll nicht durch .... geschädigt werden. Eine weitere wichtige Aufgabe der Verpackung ist deshalb seine .... Flüssige Produkte werden zum Beispiel erst durch die Verpackung .... Dies bezeichnet man als .... der Verpackung.

Häufig erleichtert die Verpackung auch den Transport der Ware. Die Verpackung erfüllt dann die ....

Schließlich bietet die Verpackungsfläche Platz zur genauen .... der Ware, beispielsweise Preis, Menge, Mindesthaltbarkeitsdatum. Deshalb gibt die .... Angaben zum Produkt.

ARBEITSAUFTRAG 4: Nehmen Sie zu folgender Aussage des Praktikanten Andreas Zimmer Stellung: „Spediteur und Frachtführer, das ist gleichbedeutend“.

S. 283

Anforderungssituation 7.1

8 Pflege von Kundenkontakten

ARBEITSAUFTRAG 1:

S. 287

a) Was ist ein Serienbrief?

b) Welche Schritte sind zur Vorbereitung eines Serienbriefs notwendig?

....

....

....

....

....

c) Moritz Wagner feiert demnächst seinen 30. Geburtstag!

(1) Entwerfen Sie ein ansprechendes Einladungsschreiben am PC. Speichern Sie es unter *Einladung30* ab. Oben links soll Platz für ein Adressfeld sein. Die Anrede plant Moritz persönlich.

(2) Geben Sie in Excel die nachfolgende Tabelle (Auszug) mit Gästen ein. Überlegen Sie: Warum steht neben dem Namen auch die Kennzeichnung „Liebe" bzw. „Lieber"?

Name	Vorname	Anrede	Anschrift	PLZ	Ort
Gemeint	Ernst	Lieber	Schlechtstr. 3	40155	Düsseldorf
Übel	Ismir	Lieber	Kölner Str. 102	41753	Krefeld
Dennwelle	Bo	Liebe	Waterkant 24	21035	Hamburg
Köhr	Lee	Lieber	Heineplatz 78	51553	Bonn
Sehr	Kai	Lieber	Hauptstr. 3	80331	München
Bolika	Anna	Liebe	Kantstr. 251	04103	Leipzig

(3) Geben Sie den Serienbrief in eine eigene Datei aus.

d) Recherchieren Sie im Internet, was in Excel ein Bedingungsfeld ist. Überlegen und skizzieren Sie, wie Bedingungsfelder bei der Einladung von Moritz Wagner eingesetzt werden könnten.

....

....

....

....

....

....

....

....

....

....

ARBEITSAUFTRAG 2: **Welche der folgenden Maßnahmen sind zur Pflege von Kundenkontakten geeignet und welche nicht? Begründen Sie stichwortartig Ihre Entscheidungen.**

Maßnahme	Ja	Nein	Begründung
Neues Firmenlogo			
Gewinnspiel			
Neues Warenwirtschaftssystem			
Kundenzeitung			
Visitenkarten mit persönlichen Ansprechpartnerinnen oder Ansprechpartnern			

Das ist zu tun:
3. a)

! S. 287

Schrittreihenfolge	Tätigkeit
	Einlesen der notwendigen Datenfelder aus einer Datenquelle
	Laden eines Geschäftsbriefvordrucks
	Schreiben des Briefinhalts
	Zusammenführung aller Daten in ein neues, dann mehrseitiges Seriendokument
	Zuordnung der Datenfelder zur Datenquelle

Anforderungssituation 7.1

9 Reklamationen entgegennehmen und abwickeln

ARBEITSAUFTRAG: **Bastian arbeitet seit einigen Tagen im Verkaufsshop der Mediaworld e. K. Kurz vor Ladenschluss kommt noch ein Kunde mit einer Reklamation. Bastian ist genervt, weil es kurz vor Feierabend am Freitag ist, er hat auch noch nie ein Reklamationsgespräch geführt, daher läuft das Gespräch gar nicht gut. Kommentieren Sie den Gesprächsverlauf. Inwiefern verstößt Bastians Verhalten gegen die Regeln für Reklamationsgespräche mit Kundinnen und Kunden?**

Kunde: „Guten Tag." (Holt ein Smartphone aus seiner Tasche und knallt es auf den Tisch.) „Sehen Sie sich das mal an, das habe ich gestern hier gekauft. Ich packe das Handy aus und da sehe ich, dass das Display kaputt ist. Schauen Sie sich das an. Das ist doch das Letzte!"

Bastian: „Jetzt regen Sie sich mal nicht so auf."

Mein Kommentar:

....

....

Kunde: (Zieht scharf die Luft ein.)

Bastian: (Nimmt das Smartphone in die Hand und betrachtet es.) „So schlimm ist das doch nicht; das ist doch nur ein ganz kleiner Kratzer. Den sieht man kaum."

Mein Kommentar:

....

....

Kunde: (empört) „Was soll das denn heißen? Hören Sie mal, ich erwarte ein einwandfreies Gerät, dafür habe ich schließlich bezahlt und das Handy war ziemlich teuer."

Bastian: „Na ja, ... mit dem Preis von 321,00 € gehört Ihr Modell wohl eher in das mittlere Preissegment."

Mein Kommentar:

....

....

Kunde: (sehr empört) „Das ist doch nicht billig! Also: Wie kann das sein, das Gerät war schließlich neu und originalverpackt?"

Bastian: „Dazu kann ich eigentlich gar nichts sagen, wir kriegen die Geräte auch nur so vom Hersteller. Vielleicht haben Sie das Handy auch fallen gelassen?"

Mein Kommentar:

....

....

Kunde: „Unverschämtheit! Das habe ich nicht! Ich will auf jeden Fall mein Geld zurück!"
Bastian: „Da müsste ich erst mal prüfen, ob das möglich ist. Am besten kommen Sie irgendwann nächste Woche noch einmal wieder."

Mein Kommentar:

....

....

Kunde: (schreit fast) „Jetzt reicht es mir endgültig. Holen Sie sofort Ihren Vorgesetzten, aber schnell!"

EXPERTENAUFTRAG: **Schreiben Sie das Gespräch neu.**

Anforderungssituation 7.1

10 Maßnahmen bei Zahlungsrückständen von Kundinnen und Kunden

ARBEITSAUFTRAG 1: **Stellen Sie fest, ob die folgenden Aussagen zum Zahlungsverzug richtig oder falsch sind.**

Aussagen	Richtig	Falsch
1. Wenn die Kundin/der Kunde eine fällige Rechnung nicht zahlt, kann die Verkäuferin/der Verkäufer vor Ablauf einer Nachfrist von sechs Wochen keine Rechte wegen der verspäteten Zahlung geltend machen.		
2. Wenn die Verkäuferin/der Verkäufer der Käuferin/dem Käufer einen genauen Zahlungstermin gesetzt hat, muss sie/er diesen nur einmal anmahnen.		
3. Um die Zahlungsfähigkeit der Käuferin/des Käufers zu erhöhen, gilt die Regel, dass sie/er spätestens 30 Tage nach Zugang der Rechnung auch ohne Mahnung in Verzug kommt.		
4. Die Käuferin/Der Käufer kommt jedoch nur dann nach 30 Tagen automatisch in Verzug, wenn sie/er in der Rechnung darauf hingewiesen wurde.		
5. Die Verkäuferin/Der Verkäufer kann der Käuferin/dem Käufer für die Zeit des Verzuges Verzugszinsen in Rechnung stellen.		

Aussagen	Richtig	Falsch
6. Zusätzliche Kosten (Mahngebühren) darf die Verkäuferin/der Verkäufer nur bei Kaufleuten geltend machen.		
7. Die Höhe der Verzugszinsen ist bei Kaufleuten auch höher als bei Nichtkaufleuten.		
8. Um die Verzugszinsen berechnen zu können, benötigt man den Basiszinssatz, der von der Bundesbank auf 5 % (einseitiger Handelskauf) bzw. 9 % (zweiseitiger Handelskauf) festgelegt wurde.		
9. Wenn ein Verschulden des Käufers vorliegt, kann die Verkäuferin/der Verkäufer auch vom Vertrag zurücktreten.		
10. Die Verkäuferin/Der Verkäufer wird dann das Rücktrittsrecht wählen, wenn sie/er die Ware auch anderweitig gut verkaufen kann.		
11. Die Verkäuferin/Der Verkäufer muss der Käuferin/dem Käufer vor einem Rücktritt keine Nachfrist setzen, wenn diese/dieser die Zahlung verweigert.		
12. Gleichzeitig mit dem Rücktrittsrecht kann die Verkäuferin/der Verkäufer gegenüber der Käuferin/dem Käufer das Recht auf Schadenersatz oder Ersatz vergeblicher Aufwendungen geltend machen.		

ARBEITSAUFTRAG 2: **Am 18.12.20.. sollen folgende Kundinnen und Kunden der Mediaworld e. K. angemahnt werden, dabei sollen ihnen auch Verzugszinsen in Rechnung gestellt werden. Berechnen Sie anhand der Offene-Posten-Liste die Höhe der Verzugszinsen für folgende Kundinnen und Kunden. (Hinweis: Regeln zur Berechnung der Zinstage siehe S. 134.)**

Kundin/Kunde	Rechnungsbetrag	Fällig am	Zinssatz	Verzugstage	Zinsen
Privatkundinnen und -kunden					
David Brandt	75,00 €	05.01.20..			
Helga Wehner	5.330,00 €	20.06.20..			
Geschäftskunden					
Heka GmbH	7.890,00 €	28.06.20..			
M&N OHG	8.700,00 €	05.07.20..			
Ullman e. K.	3.420,00 €	01.08.20..			

→ Gehen Sie dabei von einem Basiszinssatz in Höhe von 1,25 % aus.

EXPERTENAUFTRAG: **Ermitteln Sie die Höhe des Basiszinssatzes für das aktuelle Jahr und berechnen Sie auf dieser Basis die Höhe der Verzugszinsen.**

Aber Achtung: Der Basiszinssatz kann sich am 01.01. und am 01.07. ändern. Sie müssen also ggf. mit zwei unterschiedlichen Zinssätzen rechnen.

Kundin/Kunde	Rechnungsbetrag	Fällig am	Zinssatz	Verzugstage	Zinsen
Privatkundinnen und -kunden					
David Brandt	75,00 €	05.01.20..			
Helga Wehner	5.330,00 €	20.06.20..			

Kundin/Kunde	Rechnungsbetrag	Fällig am	Zinssatz	Verzugstage	Zinsen
Geschäftskunden					
Heka GmbH	7.890,00 €	28.06.20..			
M&N OHG	8.700,00 €	05.07.20..			
Ullman e. K.	3.420,00 €	01.08.20..			

ARBEITSAUFTRAG 3: **Stellen Sie fest, zu welcher der drei Mahnstufen des kaufmännischen Mahnverfahrens die folgenden Formulierungen aus Mahnschreiben gehören.**

Formulierung im Mahnschreiben	Mahnstufe
a) ... leider haben Sie auf unsere Zahlungserinnerung vom XX.XX.XX nicht reagiert. Wir bitten Sie daher, den überfälligen Betrag in Höhe von XXXX € bis zum XX.XX.XX auf unser Konto zu überweisen. Sofern Sie den genannten Termin nicht einhalten, werden wir Ihnen Verzugszinsen und Mahnkosten berechnen müssen.	
b) ... Für den Fall, dass unsere oben genannte Rechnung Ihrer Aufmerksamkeit entgangen ist, haben wir Ihnen eine Kopie beigefügt. Wir bitten Sie, die Regulierung nachzuholen und sehen dem Eingang Ihrer Zahlung entgegen.	
c) ... Sollte auch dieser Termin ohne Geldeingang auf unserem Konto verstreichen, sehen wir uns gezwungen, ohne erneute Aufforderung gerichtliche Schritte einzuleiten. Beachten Sie bitte, dass dadurch für Sie erhöhte Kosten entstehen würden.	
d) ... im Rahmen unseres Forderungsmanagements ist uns aufgefallen, dass Sie unsere Rechnung vom XX.XX.XX über XXXX € bis heute noch nicht überwiesen haben. Dies ist sicher Ihrer Aufmerksamkeit entgangen und wir bitten Sie den Rechnungsbetrag in den nächsten Tagen zu überweisen.	
e) ... auf unsere Mahnungen haben Sie leider nicht reagiert. Es besteht immer noch ein Zahlungsrückstand von XXXX €. Bevor wir das gerichtliche Mahnverfahren einleiten, geben wir Ihnen hiermit eine letzte Chance, den Rechnungsbetrag zu zahlen.	
f) ... Da wir mit unserem kleinen Betrieb die Verantwortung für unsere Mitarbeitenden tragen, können wir einen Zahlungsverzug nicht unbegrenzt lange ausgleichen. Um das für alle mit Kosten und Arbeitsaufwand verbundene gerichtliche Mahnverfahren zu vermeiden, möchten wir Ihnen bis spätestens zum XX.XX.XX die Gelegenheit geben, die Rechnung zu begleichen.	
g) .... am XX.XX.XX haben wir Sie an den Zahlungsrückstand von XXXX € erinnert. Bis heute haben wir weder eine Zahlung noch eine Reaktion von Ihnen erhalten. Wir sind enttäuscht!	
h) ... wir sind stolz auf unser gutes Team. Pünktliche Zahlungseingänge helfen uns dabei, es zu halten. Andererseits wissen wir, dass manchmal ein Zahlungsspielraum für jeden ganz hilfreich ist. Deshalb möchten wir Ihnen nach unserer Erinnerung vom XX.XX.XX noch eine weitere Gelegenheit geben, unsere Rechnung Nr. XXXX bis zum XX.XX.XX zu begleichen.	

ARBEITSAUFTRAG 4: Ergänzen Sie den folgenden Text zum gerichtlichen Mahnverfahren mit den nachfolgenden Begriffen.

Zwangsvollstreckung (2-mal) – Zahlung – Widerspruch – Vermögensauskunft – Urteil – Schuldnerverzeichnis – Mahnbescheid – Kreditwürdigkeit – Klage – Gerichtsvollzieher/-in – Pfändung – Gerichtsverhandlung – Einkommens- und Vermögensverhältnisse – Banken – Anschreiben – Anrufe – Amtsgericht

Wenn Gläubiger/-innen auf außergerichtlichem Weg, durch .... oder .... vergeblich versucht haben, die Schuldnerin/den Schuldner zu einer Zahlung zu bewegen, werden sie in der Regel das gerichtliche Mahnverfahren einleiten. Dazu stellen sie beim zuständigen...... .... den Antrag, dass ein .... erlassen und der Schuldnerin/dem Schuldner zugestellt wird. Wenn die Schuldnerin/der Schuldner diesen bekommen hat, gibt es verschiedene Möglichkeiten, zu reagieren:

1. Möglichweise holt sie/er jetzt die .... nach und das Verfahren ist beendet.
2. Wenn die Schuldnerin/der Schuldner den Mahnbescheid für unberechtigt hält, gibt es die Möglichkeit, ... einzulegen. Wollen die Gläubiger/-innen jetzt trotzdem an der Forderung festhalten, müssen sie .... erheben. Über die Berechtigung der Forderung wird dann in einer .... entschieden. Wenn das Gericht ein .... zugunsten der Gläubigerin/des Gläubigers fällt, hat diese/dieser die Möglichkeit, die .... einzuleiten, indem eine/ein .... beauftragt wird. Diese/Dieser wird nochmals zur Zahlung auffordern. Wird immer noch nicht gezahlt, kann eine .... der Vermögensgegenstände durchgeführt werden. War auch dies erfolglos oder von vornherein zu vermuten, dass die Person vermögenslos ist, muss sie eine .... abgeben, früher eidesstattliche Versicherung genannt. Darin müssen Schuldner/-innen die .... offenlegen, damit Gläubiger/-innen überprüfen können, ob es vielleicht doch noch Möglichkeiten gibt, an das Geld zu kommen. Ist dann klar, dass hier definitiv „nichts zu holen ist", wird die Schuldnerin/der Schuldner in das .... eingetragen. Dies ist ein amtliches Register, das alle einsehen dürfen, die ein berechtigtes Interesse nachweisen können, z. B. .... und Wirtschaftsauskunfteien. Die Schuldnerin/Der Schuldner hat damit die .... vorerst verloren.
3. Eventuell ignoriert die Schuldnerin/der Schuldner den Mahnbescheid auch, z. B. weil sie/er die Angewohnheit hat, offiziell aussehende Post nicht zu öffnen. Dann kommt es letztlich ebenfalls zur ....

Personalmaßnahmen entwickeln und personalwirtschaftliche Kompetenzen für den eigenen Berufsweg nutzen

Anforderungssituation 8.1

1 Den Personalbedarf an Mitarbeitenden und Auszubildenden berechnen

S. 309

ARBEITSAUFTRAG 1: Die Personaleinsatzplanung ist von verschiedenen Faktoren abhängig. Nennen Sie die internen und externen Einflussgrößen, die die Personalabteilung bei der Personalplanung zu berücksichtigen hat.

ARBEITSAUFTRAG 2: Ordnen Sie den unten stehenden Angaben zu, ob es diese zur Ermittlung des
(a) quantitativen (zahlenmäßigen) Personalbedarfs oder
(b) qualitativen Personalbedarfs
verwendet werden können. Tragen Sie ein (x) ein, wenn dem Sachverhalt keine Angaben zum Personalbedarf zu entnehmen sind.

Für neu zu besetzende Stellen von Verkaufspersonal wird künftig die IHK-Abschlussnote „sehr gut“ vorausgesetzt.	
In der Abteilung Qualitätskontrolle ist die Menge der zu prüfenden Produkte um 20 % gestiegen.	
Der Krankenstand in der Abteilung Lager ist in den letzten vier Jahren um 8 % gestiegen.	
Der Bundestag beschließt eine Erhöhung des Rentenversicherungsbeitragssatzes um 0,5 %.	
Die IHK erteilt nur noch Betrieben eine Ausbildungserlaubnis, die im auszubildenden Berufsfeld über mindestens eine Person verfügen, die die Ausbildereignungsprüfung abgelegt hat.	

ARBEITSAUFTRAG 3: Klären Sie, ggf. mithilfe des Internets, die Bedeutung der nachfolgenden Begriffe aus dem Lehrbuch.

Begriff	Bedeutung
Rationalisierung	
Konjunktur	

Begriff	Bedeutung
Tarifvertrag	
Betriebsmittel	

ARBEITSAUFTRAG 4: Sind die nachfolgenden Aussagen richtig oder falsch?

Aussagen	Richtig	Falsch
Da die Personalkosten im Allgemeinen gering sind, ist eine Personalplanung nicht notwendig.		
Mit zunehmender Unternehmensgröße steigt die Bedeutung der Personalplanung.		
Das Unternehmen sollte lieber über Bedarf einstellen, da man Beschäftigte auch schnell wieder entlassen kann.		
In Phasen erhöhten Arbeitsanfalls kann das Unternehmen auch Zeitarbeitskräfte einstellen.		

ARBEITSAUFTRAG 5: Mögliche Ausbildungsbetriebe und Arbeitgeber legen Wert darauf, dass ihre Mitarbeiterinnen und Mitarbeiter während ihrer Schullaufbahn Abschlüsse erwerben.

Informieren Sie sich, welche Abschlüsse Sie an ihrem Berufskolleg erwerben können und was die Voraussetzungen zum jeweiligen Weiterkommen in die nächsthöhere Bildungsgangstufe sind.

Anforderungssituation 8.1

2 Eine Stellenanzeige analysieren und die Erwartungen an Auszubildende kennenlernen

S. 311

ARBEITSAUFTRAG 1: Die Mediaworld e. K. sucht eine Auszubildende oder einen Auszubildenden als Kauffrau/-mann im Einzelhandel.

a) Finden Sie im Internet je zwei Unternehmen in Ihrer Nähe, die die folgenden Ausbildungsberufe anbieten.
b) Bilden Sie anschließend aus Ihrer heutigen Sichtweise eine für Sie erstrebenswerte Reihenfolge der Berufsbilder.

Ausbildungsberuf	Unternehmen	Ranking
Kaufmann/-frau für Groß- und Außenhandelsmanagement		
Kaufmann/-frau im Einzelhandel, Verkäufer/-in		
Kaufmann/-frau für Büromanagement		
Veranstaltungskaufmann/-frau		
Gestalter/-in für visuelles Marketing		
Drogist/-in		
Eigene Berufsidee 1		
Eigene Berufsidee 2		

ARBEITSAUFTRAG 2: **Nennen Sie drei Vor- und drei Nachteile der ersten zwei Favoriten aus Arbeitsauftrag 1.**

Favorit 1

Vorteile	Nachteile

Favorit 2

Vorteile	Nachteile

Anforderungssituation 8.1

3 Das Bewerbungsverfahren meistern

ARBEITSAUFTRAG 1: **Nennen Sie jeweils zwei Internetseiten, auf denen Sie sich über die nachfolgenden Aspekte informieren können.**

Beruflicher Aspekt	Internetseite
... ein bestimmter Beruf ...	
... Ausbildungsbetriebe eines bestimmten Berufs ...	
... freie Ausbildungsplätze in einem bestimmten Beruf ...	
... Verdienstmöglichkeiten während und nach der Ausbildung ...	

ARBEITSAUFTRAG 2: **Sind die nachfolgenden Aussagen richtig oder falsch?**

Aussagen	Richtig	Falsch
Die Bewerbungsunterlagen sollten sprachlich korrekt formuliert sein.		
In der Bewerbungs-E-Mail kann ich die gängigen WhatsApp-Abkürzungen benutzen, da diese ja allgemein bekannt sind.		
Das Bewerbungsfoto muss unbedingt auf dem Lebenslauf angebracht sein.		
Ein Scanfoto ist einem aufgeklebten Foto vorzuziehen.		
Bei einer Onlinebewerbung ist jedes Dokument einzeln an die E-Mail anzuhängen.		

ARBEITSAUFTRAG 3: Nennen Sie jeweils drei Vorteile, die sich aus der Mitarbeit in einem
(a) großen Unternehmen
(b) kleinen Unternehmen
für Sie ergeben könnten.

Vorteile eines großen Unternehmens	Vorteile eines kleinen Unternehmens

Anforderungssituation 8.1

4 Den Ablauf eines Vorstellungsgesprächs simulieren

ARBEITSAUFTRAG 1: Damit Sie im Vorstellungsgespräch einen guten Eindruck machen, sollten Sie sich auf mögliche Fragen vorbereiten. Lesen Sie sich die Fragen durch. Entscheiden Sie, welche Antwort besser passt. Diskutieren Sie anschließend Ihre Ergebnisse im Plenum.

Frage 1: Warum haben Sie sich für den Ausbildungsberuf Fahrzeugpfleger/-in entschieden?

a) ☐ Ich arbeite gerne genau und sorgfältig. Außerdem macht es mir Spaß, Fahrzeuge zu reinigen und zu pflegen. Ein glänzendes Auto begeistert mich.

b) ☐ Ich bin großer Auto- und Formel-1-Fan, da glänzen die Autos immer so schön. Ich finde es immer spannend, wenn ich mit meinen Eltern in die Autowaschanlage fahre.

Frage 2: Warum haben Sie sich gerade in unserem Unternehmen beworben?

a) ☐ Ich habe mich in vielen Unternehmen beworben, damit meine Chancen steigen. Irgendeine Firma wird mich hoffentlich nehmen.

b) ☐ Über die Website habe ich erfahren, dass Sie interessante Produkte herstellen. Dort habe ich auch gelesen, dass die Übernahmechancen nach der Ausbildung gut sind.

Frage 3: Welche ist Ihre größte Schwäche?

a) ☐ Darüber habe ich mir keine Gedanken gemacht. Außerdem finde ich, dass ich eigentlich gar keine richtige Schwäche habe, das ist ja auch etwas Schlechtes.

b) ☐ Manchmal lasse ich mich leicht verunsichern. Ich habe nicht immer das nötige Selbstvertrauen, dabei ermutigen mich die Lehrer/-innen in meiner Schule immer dazu, selbstbewusster zu sein. Denn eigentlich bereite ich mich immer gewissenhaft auf Referate und Prüfungen vor.

Frage 4: Was machen Sie in Ihrer Freizeit am liebsten?

a) ☐ In meiner Freizeit treibe ich gerne Sport oder gehe mit meinem Hund spazieren. Dabei begleitet mich öfter meine kleine Schwester oder meine beste Freundin.

b) ☐ Am liebsten chille ich auf der Couch und schreibe Kurznachrichten über mein Smartphone. Wenn niemand online ist, spiele ich Computerspiele oder sehe fern.

ARBEITSAUFTRAG 2: **Sie haben eine Einladung zum Vorstellungsgespräch erhalten? Glückwunsch, dies ist ein erster wichtiger Schritt. Damit Sie im Gespräch einen kühlen Kopf behalten, können Sie mit diesem Arbeitsblatt verschiedene Fragesituationen üben, z. B. auch mit Ihren Freunden, Geschwistern oder Eltern.**

Frage 1: Wieso haben Sie sich für diese Ausbildung beworben?
Diese Frage soll zeigen, ob Sie sich auch wirklich über die Ausbildung informiert haben, für die Sie sich bewerben. Außerdem will der/die Personalverantwortliche wissen, ob Sie Ihre Wahl begründen können, z. B. mit Ihren Stärken oder Interessen.

Meine Antwort:

....

....

....

Frage 2: Warum möchten Sie die Ausbildung in unserem Unternehmen absolvieren?
Sie sollten sich gut über das Unternehmen informieren, bei dem Sie sich bewerben, z. B. indem Sie sich die Homepage genau ansehen. Überlegen Sie, was Ihnen an der Firma besonders gefällt (z. B. die Produkte, die sie herstellt, oder die Möglichkeit, in einem Betrieb mit vielen Azubis zu arbeiten).

Meine Antwort:

....

....

....

Frage 3: Welche Stärken und Schwächen haben Sie?
Die/Der Personalverantwortliche möchte mit dieser Frage herausfinden, ob Sie sich selbst gut kennen. Vor allem aber erkennt sie/er so, ob Sie sich aus der Ruhe bringen lassen oder gelassen und sicher reagieren. Ihre Stärken haben Sie z. B. im BERUFE-Universum erkundet. Ihre Schwächen sollten nicht im Widerspruch zu der Stellenanforderung stehen.

Meine Antwort:

....

....

....

Frage 4: Warum sollten wir gerade Ihnen einen Ausbildungsplatz anbieten?
An dieser Stelle des Vorstellungsgespräches haben Sie noch einmal Gelegenheit, zusammenzufassen, was Sie besonders gut können und warum Sie gut zum Unternehmen passen.

Meine Antwort:

....

....

....

Anforderungssituation 8.2

1 Personaleinsatzplanung

ARBEITSAUFTRAG 1: **Kreuzen Sie an, ob man die folgenden Kriterien bei der Personaleinsatzplanung für die kommende Arbeitswoche beachten muss oder nicht.**

Nr.	Kriterium	Muss beachtet werden	Muss i. d. R. nicht beachtet werden
1.	Arbeitsmenge		
2.	Anforderungen der zu leistenden Arbeit		
3.	Genehmigter Urlaub		
4.	Alter der Mitarbeiter/-innen		
5.	Wetter		
6.	Fähigkeiten/Können der Mitarbeiter/-innen		
7.	Gesetzl. Vorgaben zu Arbeits-/Ruhezeiten		
8.	Gewinn des letzten Geschäftsjahres		
9.	Begründete Abwesenheit der Mitarbeiter/-innen		
10.	Wochenarbeitszeit der Mitarbeiter/-innen		

! S. 327

Das ist zu tun:

Uhrzeit	Mo	Di	Mi	Do	Fr	Sa
10:00						
11:00						
12:00						
13:00						
14:00						
15:00						
16:00						
17:00						
18:00						

Aufgaben zur Wiederholung:

S. 329

2.

Mediaworld e. K.: Urlaubsplanung Sommer 20.. (Juni bis September)																		
Kalenderwoche	22	23	24	25	26	27	28	29	30	31	32	33	34	35	36	37	38	39
Sommerferien																		
Moritz Wagner																		
Peter Bäumer																		
Sabine Hauser																		
Karl Herwig																		
Florian Peek																		
Monika Schmitz																		
Bastian Lenz																		

Anforderungssituation 8.2

2 Entgeltabrechnung

ARBEITSAUFTRAG 1: **Ergänzen Sie die folgende Übersicht zu den Begriffen und Erklärungen der verschiedenen Gehalts- bzw. Lohnformen.**

Fachbegriff	Erklärung
Gehalt	Monatlich gleichbleibender ...., der Angestellten unabhängig von den tatsächlich geleisteten .... oder -tagen gezahlt wird.
....	Festgelegtes Entgelt von .... für das Ausüben ihrer Tätigkeit; in der Regel bezogen auf eine Arbeitsstunde oder allgemein auf die ....
Zeitlohn	Lohn, der unabhängig von der geleisteten Stückzahl für die „.............................“ am Arbeitsplatz gezahlt wird. In der Regel bezogen auf eine ....
Akkordlohn	Lohn, der direkt von der geleisteten Arbeitsmenge abhängt. Zu einem garantierten Grundlohn oder........................... kommt zusätzlich ein ....
....	Lohn, der sich aus einem festen Grundlohn und einer .... zusammensetzt. Die Prämie kann sich auf .... Bereiche und Erfolge beziehen.

ARBEITSAUFTRAG 2:

a) **Ermitteln Sie zu den folgenden vier Fällen jeweils den Verdienst, wie es in den Texten vorgegeben ist.**
b) **Begründen Sie, warum die Personen, die in den Fällen genannt sind, genau diese Lohnform bekommen, die in den Texten beschrieben ist.**
c) **Nennen Sie für alle vier Fälle sinnvolle Lohnformen, die anstatt der jeweils genannten gezahlt werden könnten.**

Fall 1:

Johanna Kern ist Facharbeiterin am Fließband in einem Industriebetrieb. Als gelernte Maschinen- und Anlagenführerin verdient sie je Arbeitsstunde 14,50 €. Montags bis donnerstags arbeitet sie 8,5 Stunden, freitags fallen nur sechs Arbeitsstunden an. Ermitteln Sie den Wochenlohn von Frau Kern und ermitteln Sie danach den Monatslohn, wenn der Monat vier volle Wochen und drei Arbeitstage (Mo., Di., Mi.) hat.

....

....

....

....

Fall 2:

Till Hammer ist Verkäufer in einem Kaufhaus. Er ist in der Herrentextilabteilung beschäftigt und berät Kunden, hilft Ihnen bei der Auswahl und kassiert, wenn Kunden sich zum Kauf entschlossen haben. Daneben gehören die Waren- und Sortimentspflege zu seinen Aufgaben. Till Hammer wird als gelernter Kaufmann im Einzelhandel mit einem Festgehalt vergütet. Dieses beträgt 2.750,00 € im Monat. Ermitteln Sie das Jahresgehalt von Herrn Hammer.

....

....

....

....

Fall 3:

Francesca Totti ist Arbeiterin in einem Industriebetrieb. Es stellt unter Akkordbedingungen meterweise Kabel für Elektroanlagen her. Der Akkordsatz je hergestelltem Meter Kabel beträgt 0,20 €. Je mehr sie herstellt, desto höher ist ihr Verdienst. An einem guten Tag schafft sie es, 590 Meter Kabel zu produzieren. Ermitteln Sie den Wochenverdienst für Frau Totti, wenn sie eine gute Woche hat.

....

....

....

....

Fall 4:

Pablo Osvaldo ist Vertreter bei einer großen Versicherung. Er verdient im Monat ein Grundgehalt von 700,00 €. Dazu kommt jeweils eine Prämie, wenn er eine Versicherung abschließt. Heute hat er mit einem Kunden eine private Rentenversicherung abschließen können. Hierfür bekommt er eine Provision (Prämie) in Höhe von 2,5 % auf den Gesamtversicherungswert. Dieser ergibt sich aus den Zahlungen, die der Kunde für seine Rentenversicherung tätigt (160,00 € im Monat) und der Laufzeit des Versicherungsvertrages (30 Jahre). Ermitteln Sie die Prämie, die Herr Osvaldo für den Abschluss der Versicherung erhält.

....

....

....

....

ARBEITSAUFTRAG 3:

a) Stellen Sie eine Checkliste auf, in der ersichtlich wird, wie man vom Bruttoverdienst zum Nettoverdienst kommt. Nutzen Sie das unten stehende Schema und orientieren Sie sich an den Vorgaben.

Checkliste Lohn- und Gehaltsabrechnung		
Schritt Nr.	**Tätigkeit**	**Vorgehensweise**
1	.... ermitteln	Herausuchen des Bruttolohnes der Mitarbeiterin/des Mitarbeiters anhand ....
2	Lohnsteuer heraussuchen	anhand der Lohnsteuertabelle, des Bruttolohnes und der .... der Mitarbeiterin/des Mitarbeiters
3	Kirchensteuer heraussuchen	anhand ....
4	Krankenversicherung berechnen	....
5	....	....
6	....	....
7	Arbeitslosenversicherung	Der Beitrag für Arbeitnehmer/-innen zur Arbeitslosenversicherung beträgt .... % vom ....
8	....	Der .... ergibt sich aus dem Bruttolohn abzüglich ....

b) In der folgenden Gehaltsabrechnung ist alles durcheinandergeraten. Sortieren/Korrigieren Sie die Abrechnung, sodass sie stimmt. Nutzen Sie dazu die Lohnsteuertabelle im Lehrbuch S. 337.

S. 337

Gehaltsabrechnung (durcheinandergeraten)	
Bruttogehalt	1.740,74
– Arbeitslosenversicherung (1,3 %)	226,00
– Rentenversicherung (9,3 %)	20,34
– Lohnsteuer (LStKl. 4, 1 Kinderfreibetrag)	42,02
– Krankenversicherung (7,3 %)	2.471,50
– Kirchensteuer (rk)	229,85
– Pflegeversicherung (1,7 %)	180,42
= Nettogehalt	32,13

Gehaltsabrechnung Ihre Korrektur	

ARBEITSAUFTRAG 4: Lösen Sie die folgenden Multiple-Choice-Aufgaben zum Thema „Minijob“, indem Sie die richtige Ziffer in das jeweilige Kästchen eintragen.

a) Ein Minijob ist eine Beschäftigung, bei der man maximal wie viel Euro verdienen darf? ☐

(1) 350,00 €
(2) 400,00 €
(3) 420,00 €
(4) 538,00 €
(5) 480,00 €

b) Ein Minijob muss angemeldet werden. Dies macht man bei der folgenden Institution: ☐

(1) Minijobbörse
(2) Minijobversicherung
(3) Deutsche Rentenversicherung
(4) Krankenkasse
(5) Minijobzentrale

c) Welche der folgenden Tätigkeiten eignet sich nicht für einen Minijob? ☐

(1) Vorstandsvorsitzender einer Aktiengesellschaft
(2) Aushilfsfahrer
(3) Putzhilfe im Haushalt
(4) Verkäufer im Supermarkt (stundenweise)
(5) Hausmeistertätigkeit in einem Wohnblock (Nebenjob)

d) Für die Arbeitgeber fallen Abgaben für die beschäftigte Minijobberin oder den beschäftigten Minijobber an. Welche? ☐

(1) Nur 15 % Pauschalsteuer
(2) 15 % Krankenversicherung, 13 % Rentenversicherung, 2 % Pauschalsteuer
(3) 13 % Krankenversicherung, 15 % Rentenversicherung, 2 % Pauschalsteuer
(4) 2 % Krankenversicherung, 15 % Rentenversicherung, 13 % Pauschalsteuer
(5) Nur 15 % Pauschalversicherung

e) Eine der folgenden Aussagen ist falsch. Welche? ☐

(1) Eine Minijobberin oder ein Minijobber ist rentenversicherungspflichtig, kann sich aber befreien lassen.
(2) In der Regel hat die Minijobberin/der Minijobber ein Brutto-wie-Netto-Einkommen.
(3) Man kann auf keinen Fall mehrere Minijobs nebeneinander haben.
(4) Wenn man mehrere Minijobs nebeneinander hat, darf man trotzdem nur 538,00 € insgesamt verdienen.
(5) Eine Praktikantin/ein Praktikant kann auch gleichzeitig einen Minijob haben

f) Arbeitnehmenden und Arbeitgebern bringt ein Minijob-Arbeitsverhältnis Vorteile. Welche der folgenden Aussagen stellt keinen Vorteil, sondern einen Nachteil dar? ☐

(1) Der Verwaltungsaufwand (Anmeldung, Abmeldung, ...) für die Arbeitnehmenden ist gering.
(2) In der Regel hat die Minijobberin/der Minijobber ein Brutto-wie Netto-Einkommen.
(3) Die zusätzlichen Abgaben für die Arbeitgeber sind relativ gering.
(4) Man kann neben seinem Hauptberuf noch zusätzlich einen Minijob ausüben.
(5) Man darf im Minijobverhältnis nicht mehr als 538,00 € verdienen.

Anforderungssituation 8.2

3 Das System der Sozialversicherung und die private Vorsorge

ARBEITSAUFTRAG 1: **Ergänzen Sie die Lücken im unten stehenden Text mit den nachfolgenden Begriffen.**

gleich – Arbeitslosenversicherung – Pflicht- – 140 – Hälfte – Arbeitslosigkeit – Krankenversicherung – Reformen – Individual – fünf – Gesundheitsreform – Unfallversicherung – Einkommens – Pflegeversicherung – überleben – Rentenversicherung – Arbeitnehmende

In Deutschland gibt es eine soziale Absicherung für Menschen, die aus den .... Sozialversicherungen besteht. Diese Zweige der Sozialversicherung sind: Die ...., die die Risiken bei Krankheit absichert, dazu gehört die ...., die bei Pflegebedürftigkeit insbesondere im Alter hilft. Ein Versicherungszweig zahlt monatlich einen festen Betrag, damit man im Alter nicht mehr arbeiten gehen muss, dies ist die .... Daneben gibt es noch die Absicherung gegen die Risiken der Arbeitslosigkeit, dies geschieht mit der .... Der letzte, aber sehr wichtige Zweig der Sozialversicherung hilft bei Unfällen am Arbeitsplatz, dies ist die ....

Die Sozialversicherungen gibt es schon seit über .... Jahren. Es begann mit der Krankenversicherung und der Unfallversicherung für .... Die Idee war und ist, diese vor finanziellen und sozialen Problemen zu schützen, falls sie nicht mehr arbeiten können (z. B. aus Krankheitsgründen oder wegen ....).

Bei den Sozialversicherungen handelt es sich um ....-versicherungen, das heißt bestimmte Personengruppen sind zur Mitgliedschaft in diesen Versicherungen verpflichtet. Das Gegenstück zu den Sozialversicherungen sind die .... -versicherungen, bei denen man nicht verpflichtet ist, Mitglied zu sein bzw. diese abzuschließen.

Um die Sozialversicherungen zu finanzieren, werden Anteile des .... der Arbeitnehmenden einbehalten und an die Sozialversicherung weitergegeben. Die Arbeitgeber beteiligen sich bei der Finanzierung in etwa mit der .... der Beiträge (Ausnahmen: Unfall- und Krankenversicherung).* Obwohl jede Arbeitnehmerin/jeder Arbeitnehmer unterschiedlich viel einzahlt, sind die Leistungen, die die Sozialversicherungen erbringen, aber für alle .... (Ausnahme: Rentenversicherung). Häufig werden Verbesserungen, Veränderungen und .... an den Sozialversicherungen vorgenommen. Jeder hat schon einmal von der „Rentenreform" oder der „ ...." gehört, wobei die Begriffe immer wieder neu auftauchen, da alle paar Jahre neue Reformen durchgeführt werden müssen. Nur so konnte dieses Versicherungssystem so lange „...".

* Seit 2019 übernehmen die Arbeitgeber auch die Hälfte des KV-Zusatzbeitrages der Arbeitnehmenden.

ARBEITSAUFTRAG 2: Erklären Sie die folgenden Begriffe. Nutzen Sie das Buch, bei Bedarf das Internet, und notieren Sie sich eine Erklärung zu diesen Begriffen.

Pflichtversicherung = ...

....

Individualversicherung = ...

....

Selbstbeteiligung (bei der Krankenversicherung) = ...

....

Generationenvertrag = ...

....

Berufskrankheit = ...

....

ARBEITSAUFTRAG 3: Erarbeiten Sie die Leistungen der Sozialversicherungszweige.

a) Ordnen Sie die unten stehenden restlichen 14 Leistungen den entsprechenden Zweigen der Sozialversicherung auf der linken Seite zu. Ein Beispiel ist vorgegeben.
b) Verbinden Sie wie im Beispiel Ihre zugeordneten Begriffe mit den Erläuterungen auf der rechten Seite mit Pfeilen.

Unfallverhütung	Pflegegeld	Existenzgründungshilfe	ärztliche Behandlung	Arbeitslosengeld
Krankengeld	Mitversicherung	Erwerbsminderungsrente	stationäre Pflege	Pflegehilfsmittel
Weiterbildung	~~Witwer-/ Witwenrente~~	Berufshilfe	Berufskrankheit	Altersrente

Krankenversicherung

Pflegeversicherung

Arbeitslosenversicherung

Rentenversicherung
Witwer-/Witwenrente

Unfallversicherung

finanzielle Hilfe, wenn sich Arbeitslose selbstständig machen wollen
Sachmittel und Geräte, die die häusliche Pflege vereinfachen
Diagnose und Heilbehandlung beim (Fach-)arzt

Maßnahmen am Arbeitsplatz, um Unfällen vorzubeugen
Rente wegen Todes der versicherten Ehegattin/des versicherten Ehegatten
Rentenzahlung im Alter (wenn man mindestens fünf Jahre einbezahlt hat)

wird von der Pflegekasse an Pflegebedürftige ausgezahlt, die zu Hause gepflegt werden
Zahlung an Arbeitslose, die arbeitsfähig und -suchend sind
Erkrankung, die man durch die Arbeit im Beruf erleidet

Lohn-/Gehaltsersatzleistung bei Krankheit nach Ablauf von sechs Wochen
Leistungen zur Einarbeitung in einen neuen Beruf nach einem Arbeitsunfall
beitragsfreie Mitgliedschaft von Familienangehörigen in der Krankenversicherung

Schulung, die auf einer Ausbildung aufbaut
Rentenzahlung, wenn man zum Teil oder gar nicht mehr arbeiten gehen kann
dauerhafter Aufenthalt in einer Pflegeeinrichtung

ARBEITSAUFTRAG 4: Die Finanzierung der Sozialversicherungen

a) Ergänzen Sie die unten stehende Übersicht. Recherchieren Sie dazu die aktuellen Beiträge und die Aufteilung auf Arbeitnehmende und Arbeitgeber.
b) Berechnen Sie dann für das unten stehende Beispiel die Beiträge der Arbeitnehmenden und der Arbeitgeber.

Krankenversicherung (als Beispiel: TK)	Pflegeversicherung	Arbeitslosenversicherung	Rentenversicherung	Unfallversicherung
Gesamtbeitrag in %: .... Anteil Arbeitgeber: .... Anteil Arbeitnehmende: ... **Besonderheit:** Die Zusatzbeiträge werden von jeder Kasse individuell festgelegt.	Gesamtbeitrag in %: .... Anteil Arbeitgeber: .... Anteil Arbeitnehmende: ..... **Besonderheit:**	Gesamtbeitrag in %: .... Anteil Arbeitgeber: .... Anteil Arbeitnehmende: .... **Besonderheit:**	Gesamtbeitrag in %: .... Anteil Arbeitgeber: .... Anteil Arbeitnehmende: .... **Besonderheit:**	**Besonderheit:**
Beispiel: Ein Arbeitnehmer verdient 1.500,00 € brutto, ist verheiratet und hat ein Kind. Er ist bei der TK krankenversichert.				
KV-Beitrag AG	PV-Beitrag AG	ALV-Beitrag AG	RV-Beitrag AG	UV-Beitrag AG
				keine Berechnung notwendig
KV-Beitrag AN	PV-Beitrag AN	ALV-Beitrag AN	RV-Beitrag AN	UV-Beitrag AN
				keine Berechnung notwendig

Anforderungssituation 8.3

1 Mitarbeitergespräche als Instrument der Beurteilung, Motivation und Konfliktlösung

ARBEITSAUFTRAG 1: **Die folgenden Gesprächsfetzen stammen aus unterschiedlichen Mitarbeitergesprächen. Ordnen Sie diese den verschiedenen Arten der Mitarbeitergespräche zu.**

Nr. 1: Moritz Wagner: „Ich schlage Ihnen eine Gehaltserhöhung um 3 % vor."

Nr. 2: Sabine Hauser: „... und überhaupt: Wenn Herr Peek sich weiterhin in meine Arbeit einmischt, kündige ich!"

Nr. 3: Bastian Lenz: „Okay, dann gebe ich mir jetzt wieder etwas mehr Mühe in der Berufsschule."

Nr. 4: Moritz Wagner: „Aufgrund Ihrer Zuverlässigkeit kann ich mir vorstellen, Sie zu meinem Stellvertreter zu machen."

Nr. 5: Moritz Wagner: „Wenn du die Abschlussprüfung mit ‚gut' bestehst, wirst du übernommen."

Nr. 6: Monika Schmitz: „Ich kann nichts dafür, dass ich morgens immer zu spät komme. Die Busverbindungen sind wirklich schlecht!"

Arten von Mitarbeitergesprächen			
Beurteilungsgespräch	Entwicklungsgespräch	Problemlösungsgespräch	Gehaltsgespräch

ARBEITSAUFTRAG 2: **Finden Sie für die vier Arten von Mitarbeitergesprächen sechs eigene Beispiele und ordnen Sie diese auch den entsprechenden Rubriken aus Arbeitsauftrag 1 zu.**

Nr. 1:
..................:
....
....
....

Nr. 2:
..................:
....
....
....

Nr. 3:
..................:
....
....
....

Nr. 4:
..................:
....
....
....

Nr. 5:
..................:
....
....
....

Nr. 6:
..................:
....
....
....

Anforderungssituation 8.3

2 Gesetzliche, tarifliche, betriebliche und vertragliche Regelungen während der Ausbildung und in Arbeitsverhältnissen

ARBEITSAUFTRAG 1: **Die folgenden Schritte zum Ablauf von Tarifverhandlungen sind leider durcheinandergekommen. Sortieren Sie diese und ergänzen Sie die unten stehende Übersicht.**

1. Tarifverhandlungen (begleitet von Warnstreiks der Gewerkschaften)	2. Schlichtungsverfahren mit einer neutralen Schlichtungsperson	3. Aussperrung	4. Streik	5. Tarifverhandlungen werden für gescheitert erklärt
6. Schlichtung scheitert	7. Auslaufen des alten Tarifvertrages	8. Neue Tarifverhandlungen (erfolgreich!)	9. Urabstimmung der Gewerkschaftsmitglieder über das Ergebnis der Tarifverhandlungen	10. Urabstimmung der Gewerkschaftsmitglieder über Streik und Zustimmung zum Streik

....		
....	ERFOLGREICH ? → WENN JA, DANN:	Neuer Tarifvertrag
....		
....	ERFOLGREICH ? → WENN JA, DANN:	Neuer Tarifvertrag
....		
....		
....		

....		
....		
....	ERFOLGREICH ? → WENN JA, DANN:	Neuer Tarifvertrag

ARBEITSAUFTRAG 2: **Ordnen Sie bei den folgenden Aussagen zu, ob diese zum Thema „Betriebsvereinbarung (BV)", „Betriebsrat (BR)" oder „Jugend- und Auszubildendenvertretung (JAV)" gehören.**

Nr.	Aussagen	BV	BR	JAV
1.	Wie viele Beschäftigte in diesem Ausschuss vertreten sind, hängt von der Gesamtzahl der Arbeitnehmenden des Betriebs ab.			
2.	Um diese wählen zu können, dürfen „normale" Arbeitnehmende noch nicht 18 Jahre alt sein.			
3.	Diese gilt nur für einen Betrieb und berücksichtigt die Besonderheiten dieses Betriebs.			
4.	Sie können Regelungen über die tägliche Arbeitszeit oder Pausenregelungen enthalten.			
5.	Dieser Ausschuss kann nur über den Betriebsrat tätig werden; er ist sozusagen eine Unterorganisation des Betriebsrates.			
6.	Dieser Ausschuss nimmt Anregungen der Beschäftigten entgegen und verhandelt diese mit der Geschäftsführung.			
7.	Die Mitglieder dieses Ausschusses sind als Arbeitnehmende vor einer Kündigung besonders geschützt.			
8.	Je mehr Jugendliche und Auszubildende ein Betrieb hat, desto mehr Mitglieder hat dieser Ausschuss.			
9.	Dieser Ausschuss hat das Recht, einmal pro Quartal eine Betriebsversammlung einzuberufen.			
10.	Diese Vereinbarung wird zwischen dem Arbeitgeber und dem Betriebsrat verhandelt.			

ARBEITSAUFTRAG 3: Prüfen und ergänzen Sie die folgende Checkliste „Arbeitsvertrag".

Checkliste Arbeitsvertrag: Das muss beachtet werden!
• Ein Arbeitsvertrag wird vereinbart zwischen den folgenden **Vertragsparteien**:
• Ein Arbeitsvertrag sollte immer in welcher **Form** abgeschlossen werden?
• In einem Arbeitsvertrag sollte immer die **Tätigkeit** (der Beruf), die die Arbeitnehmerin oder der Arbeitnehmer auszuführen hat, genannt werden, zum Beispiel:
• Wichtige **Inhalte** in einem Arbeitsvertrag sind zum Beispiel (mindestens fünf Nennungen!):
• Die **Vergütung** (Bezahlung) der Arbeitnehmerin/des Arbeitnehmers richtet sich häufig nach welchen Vorschriften?
• Die **Probezeit**, die in einem Arbeitsvertrag vereinbart wird, kann in welcher Zeitspanne vereinbart werden?
• Für den Fall, dass eine **Beendigung des Arbeitsverhältnisses** möglich ist, muss im Arbeitsvertrag was vereinbart werden?
• Arbeitnehmende sollten den Arbeitgebern keine **Konkurrenz** machen. Dazu wird in der Regel Folgendes in einem Arbeitsvertrag vereinbart:

ARBEITSAUFTRAG 4: Moritz Wagner hat als Geschäftsführer und Eigentümer für sein Unternehmen das Recht, den Ausbildungsvertrag mit Isabella Tambaro zu verhandeln, aufzusetzen und zu unterschreiben.
Füllen Sie für Moritz Wagner den Muster-Ausbildungsvertrag mithilfe der unten stehenden Informationen aus (siehe folgende zwei Seiten).

- Vertragspartner sind die Mediaworld e. K., Duisburg und Isabella Tambaro, Anne-Frank-Straße 37, 47226 Duisburg, geboren am 15.05.2005 in Duisburg, deutsche Staatsangehörigkeit, Namen der gesetzlichen Vertreter: Luca und Simone Tambaro. Isabella wohnt noch bei ihren Eltern.
- Sie macht bei der Mediaworld e. K. eine Ausbildung als Verkäuferin, dies ist eine zweijährige Ausbildung, die nicht verkürzt wird.
- Isabella war zuletzt in der Richard-von-Weizsäcker-Realschule und hat dort den mittleren Schulabschluss erworben.
- Das Berufsausbildungsverhältnis beginnt am 01.08. diesen Jahres.
- Die volle Probezeit wird ausgeschöpft.
- Die Ausbildung findet im Wesentlichen in den Räumen der Mediaworld e. K. statt. Im ersten Ausbildungsjahr bekommt Isabella 850,00 €, im zweiten Ausbildungsjahr 10 % mehr.
- Die tägliche Ausbildungszeit beträgt 8 Stunden bei einer 5-Tage-Woche.
- Es besteht ein Urlaubsanspruch von 36 Werktagen im gesamten Jahr. Im ersten und im letzten Jahr der Ausbildung besteht natürlich nur ein anteiliger Urlaubsanspruch. Eine Woche besteht aus fünf Arbeits- bzw. sechs Werktagen.
- Ansonsten gelten die Betriebsvereinbarungen der Mediaworld e. K. und der Manteltarifvertrag für Handelsunternehmen, NRW.

BLATT 2 / AUSFERTIGUNG FÜR AUSBILDENDE / SEITE 1 VON 4

Berufsausbildungsvertrag

(§§ 10, 11 des Berufsbildungsgesetzes – BBiG)

Zwischen dem Ausbildenden (Ausbildungsbetrieb) und der/dem Auszubildenden wird nachstehender Berufsausbildungsvertrag zur Ausbildung im Ausbildungsberuf

(wenn einschlägig, bitte einschließlich Fachrichtung, Schwerpunkt, Wahlqualifikation(en) und/oder Einsatzgebiet nach der Ausbildungsordnung bezeichnen)

nach Maßgabe der Ausbildungsordnung[1] geschlossen.

Zuständige Berufsschule

Änderungen des wesentlichen Vertragsinhaltes sind vom Ausbildenden unverzüglich zur Eintragung in das Verzeichnis der Berufsausbildungsverhältnisse bei der Industrie- und Handelskammer anzuzeigen. Die beigefügten Angaben zur sachlichen und zeitlichen Gliederung des Ausbildungsablaufes (Ausbildungsplan) sowie die beigefügten **weiteren Bestimmungen** sind Bestandteil dieses Vertrages.

Angaben zum Ausbildenden

Name des Ausbildenden (Ausbildungsbetriebes)[2]

Straße, Haus-Nr.

PLZ Ort

Telefonnummer

E-Mail-Adresse (Angabe freiwillig)

Name, Vorname verantwortliche/r Ausbilder/in

Angaben zum/zu gesetzlichen Vertreter(n)[3]

☐ keiner ☐ Eltern ☐ Mutter ☐ Vater ☐ Vormund

Name, Vorname

Anschrift

Name, Vorname

Anschrift

Angaben zur/zum Auszubildenden

Name Vorname

Straße, Haus-Nr.

PLZ Ort

Geburtsdatum Mobil-/Telefonnummer (Angabe freiwillig)

E-Mail-Adresse (Angabe freiwillig)

§ 1 – Dauer der Ausbildung

Dauer

Die Ausbildungsdauer beträgt nach der Ausbildungsordnung

☐ 24 Monate. ☐ 36 Monate. ☐ 42 Monate.

Auf die Ausbildungsdauer wird die Berufsausbildung zur/zum[4]

bzw. eine berufliche Vorbildung in

mit ____ Monaten angerechnet.[5]

Die Berufsausbildung wird in

☐ Vollzeit ☐ Teilzeit[6] ____ (% der Ausbildungszeit in Vollzeit) durchgeführt.

Die Ausbildungsdauer verlängert sich aufgrund der Teilzeit um

____ Monate.

Soweit keine geschlechtsneutrale Formulierung gewählt wird, dient dies allein der Vereinfachung der Lesbarkeit. Auch dort werden alle Menschen angesprochen – unabhängig von ihrem Geschlecht (w/m/d).

BLATT 2 / AUSFERTIGUNG FÜR AUSBILDENDE / SEITE 2 VON 4

Die Ausbildungsdauer verkürzt sich vorbehaltlich der Entscheidung der zuständigen Stelle aufgrund

um Monate.[7]

☐ Die Berufsausbildung wird im Rahmen eines ausbildungsintegrierenden dualen Studiums absolviert.

Das Berufsausbildungsverhältnis

beginnt am und endet am.[8]

Probezeit

Die Probezeit beträgt in Monaten[9]

☐ einen ☐ zwei ☐ drei ☐ vier

§ 3 – Ausbildungsstätte

Die Ausbildung findet vorbehaltlich der Regelungen nach § 4 Nr. 12 dieses Vertrages in

Name/Anschrift der Ausbildungsstätte

und den mit dem Betriebssitz für die Ausbildung üblicherweise zusammenhängenden Bau-, Montage- und sonstigen Arbeitsstellen statt.

§ 4 – Pflichten des Ausbildenden

Ausbildungsmaßnahmen außerhalb der Ausbildungsstätte(n) sind für den folgenden Zeitraum in der/den folgenden Ausbildungsstätte(n) vorgesehen (hierzu zählen auch Auslandsaufenthalte)

§ 5 – Pflichten der/des Auszubildenden

Führung von schriftlichen oder elektronischen Ausbildungsnachweisen

Der Ausbildungsnachweis wird wie folgt geführt:

☐ schriftlich ☐ elektronisch

§ 6 – Vergütung und sonstige Leistungen

Höhe und Fälligkeit

☐ Das Ausbildungsverhältnis fällt in den Geltungsbereich des folgenden Tarifvertrages:

☐ Das Ausbildungsverhältnis fällt nicht in den Geltungsbereich eines gültigen Tarifvertrages.

Der Ausbildende zahlt der/dem Auszubildenden eine angemessene Vergütung; diese beträgt zurzeit monatlich brutto

EUR				
im	ersten	zweiten	dritten	vierten

Ausbildungsjahr.

§ 7 – Ausbildungszeit, Anrechnung und Urlaub

Tägliche <u>und</u> wöchentliche Ausbildungszeit[10]

Die regelmäßige tägliche Ausbildungszeit beträgt Stunden.[11]

Die durchschnittliche wöchentliche Ausbildungszeit beträgt Stunden.

Urlaub

Es besteht ein Urlaubsanspruch

im Kalenderjahr					
Werktage					
Arbeitstage					

§ 12 – Sonstige Vereinbarungen[12]; Hinweis auf anzuwendende Betriebs- bzw. Dienstvereinbarungen

☐ Anlage gemäß § 4 Nr. 1 des Berufsausbildungsvertrages[13]

☐ ggf. Anlage gemäß § 6 Nr. 2 des Berufsausbildungsvertrages[14]

Die beigefügten weiteren Bestimmungen (Blatt 2 / Ausfertigung für Ausbildende / S. 3 und S. 4) sind Gegenstand dieses Vertrages.

Ort, Datum

Unterschrift der/des Auszubildenden

Stempel und Unterschrift des Ausbildenden

Unterschrift(en) der/des gesetzlichen Vertreter/s

ARBEITSAUFTRAG 5: Im Lehrbuch sind auf S. 375 die Pflichten der beiden Vertragsparteien (Ausbildende und Auszubildende) aufgelistet. Verändern Sie die Sichtweise und erstellen Sie eine Übersicht der Rechte, die Auszubildende und Ausbildende haben. Formulieren Sie dabei mit eigenen Worten und allgemein verständlich.

S. 375

Rechte der Auszubildenden	Rechte der Ausbildenden
1.	1. ....
2.	2. ....
3.	3. ....
4.	4. ....
5.	5. ....
6.	6. ....
7.	7. ....
8.	8. ....

Anforderungssituation 8.3

3 Personalfreisetzung und Personalbeurteilung

S. 378 ff.

ARBEITSAUFTRAG 1: Füllen Sie mithilfe der Erläuterungen im Lehrbuch (S. 378 ff.) die folgende Übersicht zum Thema „Kündigung“ aus.

Fristgerechte Kündigung (............................... Kündigung)	.... Kündigung (außerordentliche Kündigung)
Erklärung:	Erklärung: ....
	Beispiele/Gründe: ....

personenbedingte Kündigung:	v ....:	b ....
Erklärung:	Erklärung:	Erklärung: ....

Beispiele/Gründe:	Beispiele/Gründe:	Beispiele/Gründe: ....
....	....	....
....	....	....
....	....	....
....	....	....
....	....	....

↓

Soziale Kriterien, die beachtet werden müssen:	
•	•
•	•

ARBEITSAUFTRAG 2: **Ergänzen Sie im folgenden Arbeitszeugnis die Lücken so, dass ein sehr gutes Zeugnis entsteht. Nutzen Sie dazu die Vorgaben zur Beurteilung im Lehrbuch auf S. 387.**

S. 387

Arbeitszeugnis

Herr Jens Kleinkrieg, geb. am 20.02.1975, war bei uns vom 01.08.20.. bis zum 31.07.20.. als Kaufmann im Einzelhandel beschäftigt. Ab dem 01.01.20.. wurde er als Abteilungsleiter „Molkereiprodukte" eingesetzt. Zu seinen Aufgaben gehörten die Sortiments- und Warenpflege, die Disposition und der Einkauf sowie die Einteilung und Führung des Personals dieser Abteilung.

Er hat während dieser Zeit alle ihm übertragenen Aufgaben ....

.... ausgeführt. Alle ihm als Abteilungsleiter übertragenen Tätigkeiten verrichtete er mit .... Geschick und .... fehlerfrei.

Er beherrschte seinen Arbeitsbereich .... Die Qualitätskontrolle wurde durch ihn

.... gewährleistet. Den mit der Beförderung zum Abteilungsleiter verbundenen Erwartungen und Aufgaben ist er .... gerecht geworden.

Das Verhalten von Herrn Kleinkrieg gegenüber Vorgesetzten und Mitarbeitern

.... Die Personaleinteilung zur optimalen Besetzung der Abteilung zu jeder Zeit gelang ihm ....

Herr Kleinkrieg verlässt uns auf eigenen Wundch, um mit seiner Ehefrau nach Süddeutschland umzuziehen. Wir bedauern sein Ausscheiden ....

....

Wir bedanken uns bei Herrn Kleinkrieg für die bei uns geleistete Arbeit und wünschen ihm

....

Dortmund, 31. Mai 20..

Helene Schuster

Helene Schuster

Marktleiterin

Anforderungssituation 8.3

4 Wesen und Stellenwert der menschlichen Arbeit

ARBEITSAUFTRAG 1: Setzen Sie die fehlenden Begriffe in die Lücken des nachfolgenden Textes ein.

Man unterscheidet generell zwischen vorwiegend .... Tätigkeit und vorwiegend .... Tätigkeit. Geht man vom Grad der Abhängigkeit aus, so unterscheidet man .... von .... Arbeit. Nicht selbstständige Arbeit ist immer .... bestimmt. Nach dem Grad der Weisungsgebundenheit unterscheidet man zwischen .... und .... Tätigkeit. Die Fremdwörter bzw. Fachbegriffe hierzu lauten: .... und ....

ARBEITSAUFTRAG 2: Karl Herwig arbeitet seit Jahren im Bereich Verkauf. Er hört immer wieder, dass Mitarbeitende dieses Bereichs auch die modernen Absatzwege berücksichtigen sollen. Machen Sie ihm Vorschläge, wie er eine diesbezüglich persönlich verschuldete Arbeitslosigkeit vermeiden kann und begründen Sie dies. Berücksichtigen Sie seine altersspezifische Situation.

Vorschläge	Begründungen

Anforderungssituation 8.3

5 Aspekte der regionalen und nationalen Erwerbs- und Arbeitsmarktstruktur

ARBEITSAUFTRAG 1: **Setzen Sie die fehlenden Begriffe in die Lücken des nachfolgenden Textes ein.**

Der Beschäftigungsgrad ist abhängig vom Verhältnis zwischen .... von und .... nach Produktionsfaktoren. Der Produktionsfaktor Arbeit wird als der .... Produktionsfaktor bezeichnet. Man spricht u. a. von Vollbeschäftigung, wenn die Zahl der Arbeitslosen der Zahl der .... entspricht oder wenn nicht mehr als 1,5 % bis 2 % der nicht selbstständig .... ohne .... sind.

ARBEITSAUFTRAG 2: **Bastian Lenz hat verstanden, dass Unterbeschäftigung in einer Volkswirtschaft dann vorliegt, wenn mehr als 2 % der nicht selbstständigen Erwerbstätigen ohne Arbeit sind. Nun soll er für das Berufskolleg ermitteln, welcher Personenkreis genau zu denjenigen zählt, die im Sinne der Unterbeschäftigung ohne Arbeit sind. Handelt es sich dabei nur um die sog. Arbeitslosen?**

Außerdem soll er herausfinden, was man unter dem sog. zweiten Arbeitsmarkt versteht.

Versetzen Sie sich in seine Rolle und recherchieren Sie die Zusammensetzung dieses Personenkreises über die jeweilige Arbeitsagentur bzw. das Internet und beantworten Sie auch den weiteren Arbeitsauftrag.

Personenkreis: ....

....

....

....

....

....

....

....

....

....

....

Zweiter Arbeitsmarkt: ....

....

....

....

....

....

....

....

....

....

....

Anforderungssituation 8.3

6 Formen, Arten und Ursachen der Arbeitslosigkeit

ARBEITSAUFTRAG 1: **Um welche Arten der Arbeitslosigkeit handelt es sich bei den folgenden Beispielen? Ordnen Sie richtig zu, indem Sie die entsprechenden Felder mit Linien verbinden.**

Beispiel
Herr Meier verliert seinen Arbeitsplatz aufgrund des Konkurses seines Betriebs.
Frau Müller verliert ihren Arbeitsplatz wegen der Winterschließung ihres Betriebs.
Der Mittelstürmer Mario Mendez verliert seinen Arbeitsplatz aufgrund eines Unfalls.
Frau Yildirim verliert ihren Arbeitsplatz wegen des Einsatzes von Vollautomaten.
Herr Matics verliert seinen Arbeitsplatz aufgrund einer lange anhaltenden Frostperiode.
Frau Schulze verliert ihren Arbeitsplatz aufgrund von Unehrlichkeit.
Herr Römer verliert seinen Arbeitsplatz aufgrund ausbleibender Aufträge.

Art
saisonale Arbeitslosigkeit
friktionelle Arbeitslosigkeit
technologische Arbeitslosigkeit
strukturelle Arbeitslosigkeit
konjunkturelle Arbeitslosigkeit
subjektive Arbeitslosigkeit/pers. verschuldet
subjektive Arbeitslosigkeit/pers. unverschuldet

ARBEITSAUFTRAG 2: **Setzen Sie die fehlenden Begriffe in die Lücken des nachfolgenden Textes ein.**

In der Sozialen .... wird der Einsatz der Arbeitskräfte über den Arbeitsmarkt .... geregelt. Vor Missbrauch schützen u. a. die .... Eine Vermittlungsfunktion übernehmen die .... und die .... großer Tages- und Wochenzeitungen. Wenn dieses System nicht funktioniert, kann der Staat mit .... Mitteln eingreifen.

Anforderungssituation 8.3

7 Ausgewählte Maßnahmen des Staates zur Überwindung von Arbeitslosigkeit

ARBEITSAUFTRAG 1: **Nennen Sie die sog. aktiven Maßnahmen zur Gestaltung der Arbeitsbedingungen und suchen Sie anschließend heraus, welche Gesetze (inkl. Abkürzungen derselben) diese regeln.**

Maßnahmen zur Gestaltung der Arbeitsbedingungen:

a) ....

b) ....

c) ....

d) ....

e) ....

Jeweils zugehörige Gesetze mit Abkürzungen:

Gesetz	Abkürzung

ARBEITSAUFTRAG 2: **Setzen Sie die fehlenden Begriffe in die Lücken des nachfolgenden Textes ein. Als kleine Hilfe ist die jeweilige Anzahl der Buchstaben der gesuchten Begriffe in Klammern angegeben.**

Der .... (12) ist nicht mit anderen Gütermärkten vergleichbar, da für die Arbeitsleistung des Menschen .... (6) .... (17) (2 Wörter) gelten, wie z. B. soziale, räumliche und berufliche Aspekte. Passive Maßnahmen der Arbeitsmarktpolitik sind die sog. .... (20), wie Arbeitslosengeld, Bürgergeld und Schlechtwettergeld. Im Gegensatz zum globalen Datenaustausch in Sekundenschnelle ist der Austausch von Arbeitsplätzen bedeutend .... (9) (beinahe: starr).

Investitionen und Finanzierungen planen und sinnvolle Entscheidungen treffen

Anforderungssituation 9.1

1 Liquiditätsplanung

ARBEITSAUFTRAG 1:

S. 405

a) Recherchieren Sie den Begriff „Liquidität".

b) Überlegen Sie, wie viel Bargeld Sie heute in Ihrer Geldbörse bei sich haben.

ARBEITSAUFTRAG 2:

a) Welche für Sie notwendigen Ausgaben bezahlen Ihre Eltern? Nennen Sie Beispiele.

b) Schätzen Sie ein, wie hoch dieser Anteil gemessen an den finanziellen Mitteln Ihrer Familie ist.

ARBEITSAUFTRAG 3:

a) Ordnen Sie die folgenden Einnahmen den entsprechenden Symbolen auf der folgenden Seite zu.

Dividende – Rente – Honorar – Lohn – Pacht – Provision – Kindergeld – Sold – Gehalt – Arbeitslosengeld – Zinsen – Gage

b) Gliedern Sie die Einnahmen aus Arbeitsauftrag 3a) nach folgendem Schema und ergänzen Sie weitere Einkommensarten.

Erwerbseinkommen	
Vermögenseinkommen	
Unterstützungseinkommen	

ARBEITSAUFTRAG 4:

a) Recherchieren Sie im Internet, wie lange ein 17-jähriger Schüler pro Woche arbeiten darf. Unterliegt seine Arbeit dem Mindestlohngesetz?

Mögliche Webseiten sind:
http://www.nebenjob.de/ratgeber_nebenjobs/ratgeber1_4.html
https://www.jobmensa.de/ratgeber/schule/job-finanzen/regeln-schuelerarbeit
(beide eingesehen: 24.03.2024)

b) Fassen Sie Ihre Ergebnisse in einer PowerPoint-Präsentation zusammen. Zeigen Sie auch drei Vorteile und drei Nachteile des „Arbeitengehens neben der Schule" auf.
c) Notieren Sie sich auf einem Extrablatt Ihre eigenen Erfahrungen und Interessenkonflikte beim Jobben.

ARBEITSAUFTRAG 5:

S. 407

a) Füllen Sie den nachfolgenden Lückentext und verwenden Sie dabei die aufgeführten Begriffe.

Planung – Einzahlungen – zukünftigen – Zahlungsfähigkeit – Gleichgewichts – Finanzplan

Der Finanzplan

Der .... dient zur .... von .... Auszahlungen (Ausgaben) und .... (Einnahmen). Ziel ist die Sicherstellung des geldmäßigen .... eines Unternehmens. Ein finanzielles Gleichgewicht ist dann gegeben, wenn die .... des Unternehmens stets gesichert ist.

b) Sind die nachfolgenden Aussagen richtig oder falsch?

Aussagen	Richtig	Falsch
Je geringer die Zahlungsfähigkeit eines Unternehmens, desto weniger Geldmittel können woanders gewinnbringend angelegt werden.		
Je mehr Geldmittel zwecks höherer Verzinsung angelegt werden, desto weniger flüssige Mittel stehen zur Begleichung der Ausgaben zur Verfügung.		

ARBEITSAUFTRAG 6: **Die Krüger Werke GmbH stellen für den Zeitraum vom 01.04. 20.. bis 05.04.20.. einen Liquiditätsplan auf. Dem Finanzmanagement liegen folgende Informationen vor:**

- Kassenbestand am Abend des 31.03.: 15.000,00 €
- Giroguthaben am Abend des 31.03.: 190.000,00 €
- erwartete Einzahlungen aus Umsatzerlösen vom 01.04. bis 05.04.: jeweils 26.000,00 €
- Zahlung der Löhne und Gehälter am 01.04.: 260.000,00 €
- freier Kontokorrentkredit am 01.04.: 50.000,00 €
- fällige Eingangsrechnung für Rohstoffe am 03.04.: 48.000,00 €
- geplanter Kauf von Aktien am 04.04.: 80.000,00 €
- Zahlung einer Rechnung vom 25.03. in Höhe von 30.000,00 €, 3 % Skonto oder 30 Tage Ziel

a) Erfassen Sie alle Werte in der nachfolgenden Tabelle.
b) Überlegen Sie sich eine Ausgleichsmaßnahme zur Erhaltung der Zahlungsfähigkeit für den 04.04. Tragen Sie diese in die Tabelle ein. Wie ändert sich der korrigierte Bestand?

	01.04.	02.04.	03.04.	04.04.	05.04.
Anfangsbestand Geldmittel					
Geplante Einzahlungen					
Geplante Auszahlungen					
Geplanter Endbestand					
Geplante Ausgleichsmaßnahmen					
Korrigierter Bestand					

....

....

....

....

Anforderungssituation 9.1

2 Investitionsentscheidungen treffen

ARBEITSAUFTRAG 1: **Bastian Lenz plant seinen Auszug aus der Wohnung der Eltern. Er hat im Duisburger Süden eine kleine, unmöblierte Mietwohnung gefunden. Gehen Sie davon aus, dass er aus seinem alten Kinderzimmer nur seine Kleidung, seinen PC und eine Pflanze mitnimmt. Erstellen Sie eine Liste mit Dingen, die er sich kaufen muss (in die Bastian investieren muss), damit sein Start in der neuen Wohnung klappt.**

Dinge, in die Bastian investieren muss ...	
• Bett	• ....
• Kleiderschrank	• ....
• Sofa	• ....
• Fernsehgerät	• ....
•	• ....
•	• ....
•	• ....
•	• ....
•	• ....
•	• ....
•	• ....
•	• ....
•	• ....
•	• ....

ARBEITSAUFTRAG 2: **Ihre Liste zeigt die Dinge, die Bastian zum Einzug neu anschaffen muss. Angenommen, er wohnt jetzt seit fünf Jahren in dieser Wohnung. Außerdem zieht noch seine Freundin zu ihm. Zeigen Sie auf, welche Dinge Bastian nun vielleicht ersetzen muss (Ersatzinvestitionen) und in welchen Bereichen er erweitern muss (Erweiterungsinvestitionen).**

Fünf Jahre später: Dinge, in die Bastian investieren muss ...	
Ersatzinvestitionen	**Erweiterungsinvestitionen**
• Duschvorhang	• Bett
•	• ....
•	• ....
•	• ....
•	• ....

ARBEITSAUFTRAG 3: **Bastian hat für die Einrichtung seiner neuen Wohnung nur ein begrenztes Budget zur Verfügung. Insofern muss er sehen, ob er sich bestimmte Dinge auch leisten kann und wie viel Geld er wofür ausgibt. Im Bereich Elektronikgeräte kennt er sich aus; also vergleicht er vier Angebote für Fernsehgeräte.**

a) Ermitteln Sie das kostengünstigste unter den vier Angeboten.
b) Nennen Sie Kriterien, die neben den Kosten ausschlaggebend für eine Entscheidung sein können.

Angebot
„Venus Elektronik-Discounter AG“
Sumsang-Fernsehgerät 4K
40-Zoll-Bildschirm (101,8 cm)
inkl. Soundbar 120 Watt,
passiver Subwoofer, Bluetooth

Barzahlungspreis: 550,00 €
Anzahlung: 0,00 €
Monatliche Rate: 15,00 €
Restzahlung: 0,00 €
Laufzeit: 48 Monate

Stromverbrauch: 98 kWh im Jahr
(Bastians Stromtarif: 0,30 € je kWh)

Angebot
„MiniMax Elektronik-Versand GmbH“
Huwaiqui-Fernsehgerät 4K
50-Zoll-Bildschirm (127 cm)
inkl. Fernbedienung, bluetoothfähig,
Ausschalt-Timer

Barzahlungspreis: 620,00 €
Anzahlung: 100,00 €
Monatliche Rate: 15,00 €
Restzahlung: 0,00 €
Laufzeit: 36 Monate

Stromverbrauch: 110 kWh im Jahr
(Bastians Stromtarif: 0,30 € je kWh)

Angebot
„Buy-E Online-Aktionshaus AG“
Jeffrey-Fernsehgerät 4K
55-Zoll-Bildschirm (138 cm)
inkl. Fernbedienung,
gebraucht, 1 ½ Jahre alt,
noch 1 Jahr Gewährleistung

Sofortkauf: 310,00 €
Keine Finanzierung/Ratenzahlung möglich

Stromverbrauch: 135 kWh im Jahr
(Bastians Stromtarif: 0,30 € je kWh)

Angebot
„Mediaworld e. K.“
Schnitzer T 15 Fernsehgerät 4K
50-Zoll-Bildschirm (127 cm)
inkl. Fernbedienung

Sofortkauf: 500,00 €
Mitarbeiterrabatt: 10 %
Mitarbeiterfinanzierung:
Keine Anzahlung
24 Monatsraten à 22,00 €

Stromverbrauch: 100 kWh im Jahr
(Bastians Stromtarif: 0,30 € je kWh)

Anforderungssituation 9.1

3 Finanzierungsmöglichkeiten und -entscheidungen

ARBEITSAUFTRAG 1: **Erläutern Sie die folgenden Begriffe mit eigenen Worten.**

Eigenkapital = ...

....

Fremdkapital = ...

....

Eigenfinanzierung = ...

....

Fremdfinanzierung = ...

....

Zins = ...

....

....

Bankkredit = ...

....

....

Lieferantenkredit = ...

....

....

ARBEITSAUFTRAG 2: **Entscheiden Sie, ob die folgenden Aussagen richtig oder falsch sind.**

Nr.	Aussagen	Richtig	Falsch
1	Das Eigenkapital ist in der Bilanz auf der rechten Seite ganz oben zu finden.		
2	Fremdfinanzierung bezieht sich immer ausschließlich auf eine Finanzierung mithilfe einer Bank oder Sparkasse.		
3	Wenn ein Lieferbetrieb die gelieferte Ware nicht sofort bezahlt haben will, spricht man von einem Lieferantenkredit.		
4	Bankkredite können kurzfristig oder langfristig ausgelegt sein.		
5	Sollzinsen sind die Zinsen, die man an die Bank zahlen muss, wenn man sich dort Geld geliehen hat.		
6	Der Habenzinssatz ist immer niedriger als der Sollzinssatz, den die Banken festlegen.		

ARBEITSAUFTRAG 3:

a) Die unten stehende Zinsformel ist in ihre Einzelteile zerlegt worden. Stellen Sie die Formel wieder richtig zusammen.

Zinssatz	Zinsen	360

= ____

Kapital	100	Zinstage

b) Bei der Ermittlung der Zinstage gelten in der kaufmännischen Zinsrechnung die folgenden Regeln:

- **Das Jahr hat 360 Tage.**
- **Jeder Monat hat 30 Tage.**
- **Der erste Tag des Zinszeitraumes wird nicht mitgezählt.**
- **Der letzte Tag des Zinszeitraumes wird mitgezählt.**

Ermitteln Sie die Zinstage bei den nachfolgenden Beispielen.

Nr.	Zinszeitraum	Anzahl Zinstage
1	02.01. bis 03.02.	
2	02.01. bis 04.04.	
3	04.04. bis 07.08.	
4	04.04. bis 24.12.	
5	24.12. bis 31.12.	

c) Beurteilen Sie, ob die folgenden Aussagen richtig aufgestellt wurden. Korrigieren Sie gefundene Fehler, sodass richtige Aussagen entstehen.

Nr.	Aussagen	Richtig	Falsch	Korrektur
1	Wenn das Kontokorrentkonto vom 1. Mai bis 15. Juni überzogen ist, sind dies 54 Zinstage.			
2	Bei 5 % Sollzinsen und einer Überziehung von 1.000,00 € fallen 50,00 € Zinsen an, wenn der Zinszeitraum ein Monat ist.			
3	Guthaben-Zinsen (Habenzinsen) fallen auf dem Kontokorrentkonto immer an, wenn man es überzogen hat.			
4	Auf einem Konto wurden zum Jahresanfang 5.000,00 € eingezahlt, der Habenzins beträgt 3 %. Somit fallen 150,00 € Guthabenzinsen an.			
5	Für ein Jahr werden 400,00 € Zinsen gutgeschrieben, das Kapital beträgt 40.000,00 €, somit beträgt der Zinssatz 10 %.			

ARBEITSAUFTRAG 4: **In den folgenden Tabellen sind drei Darlehensvarianten durchgerechnet worden. Allerdings sind einige Zahlen verloren gegangen. Ermitteln Sie die fehlenden Zahlen und tragen Sie diese ein.**

1. Ratendarlehen

Jahr	Darlehen Jahresanfang	Darlehen Jahresende	Tilgung	Zinsen	Gesamtzahlung im Jahr
1	20.000,00 €	16.000,00 €		800,00 €	4.800,00 €
2	16.000,00 €	12.000,00 €	4.000,00 €		
3		8.000,00 €			
4	8.000,00 €		4.000,00 €	320,00 €	4.320,00 €
5	4.000,00 €		4.000,00 €		
Summe	---	---		2.400,00 €	

2. Fälligkeitsdarlehen

Jahr	Darlehen Jahresanfang	Darlehen Jahresende	Tilgung	Zinsen	Gesamtzahlung im Jahr
1	20.000,00 €		0,00 €		800,00 €
2	20.000,00 €	20.000,00 €		800,00 €	
3		20.000,00 €	0,00 €		800,00 €
4	20.000,00 €	20.000,00 €		800,00 €	
5	20.000,00 €	0,00 €			20.800,00 €
Summe	---	---	20.000,00 €		

3. Annuitätendarlehen

Jahr	Darlehen Jahresanfang	Darlehen Jahresende	Tilgung	Zinsen	Annuität
1	20.000,00 €	16.307,46 €	3.692,54 €	800,00 €	4.492,54 €
2	16.307,46 €		3.840,24 €	652,30 €	
3	12.467,22 €	8.472,98 €		498,69 €	4.492,54 €
4		4.319,36 €		338,92 €	
5	4.319,36 €		4.319,36 €		
Summe	---	---			

ARBEITSAUFTRAG 5: Ordnen Sie den nachfolgenden Vorteilen die jeweilige Darlehensart (Raten-/Fälligkeits-/Annuitätendarlehen) zu.

Nr.	Vorteil	Darlehensart
1	Die Zahlungsbelastung ist immer niedrig, außer im letzten Jahr.	
2	Die Zahlungen sind Jahr für Jahr immer gleich.	
3	Die Zinsen sinken jedes Jahr, damit sinken auch die jährlichen Gesamtzahlungen.	
4	Die Tilgung wächst jedes Jahr an, deshalb sinkt auch der jährliche Zins.	
5	Diese Darlehensart ist in der Regel die günstigste der drei Varianten.	

ARBEITSAUFTRAG 6: Im nachfolgenden Schaubild ist der Ablauf eines Leasinggeschäftes dargestellt. Ergänzen Sie im Schaubild die fehlenden Begriffe, die Sie im unten stehenden Kasten finden.

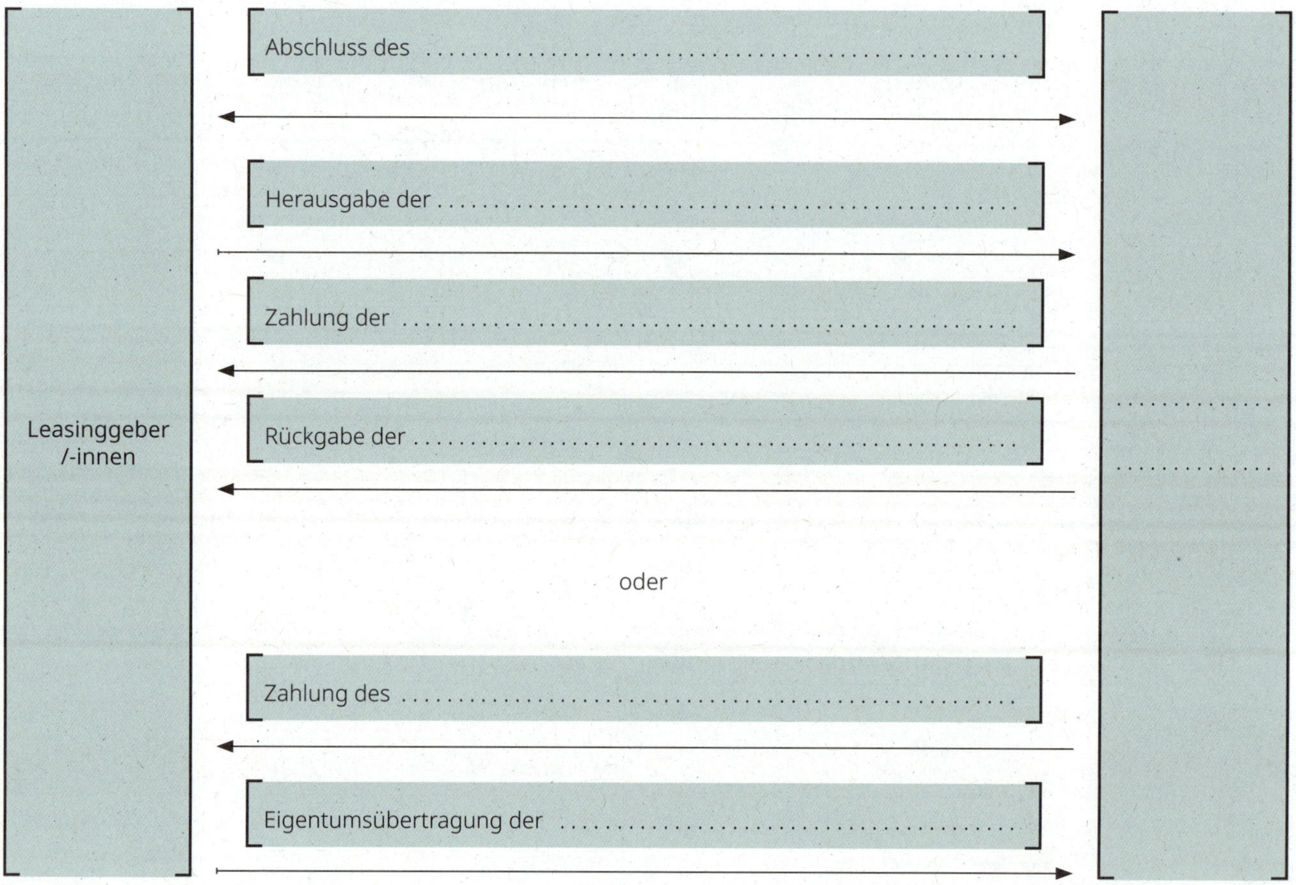

Restwertes – Leasingvertrages – Leasingsache – Leasingraten – Leasingsache – Leasingnehmer/-innen – Leasingsache

ARBEITSAUFTRAG 7: **Stellen Sie Vor- und Nachteile des Leasings im Vergleich zum Kreditkauf gegenüber.**

Vorteile des Leasings	Nachteile des Leasings
• Man zahlt zunächst einmal nur Leasingraten.	• ....
•	• ....
•	• ....
•	• ....
•	• ....

ARBEITSAUFTRAG 8: **Überprüfen Sie Ihr Wissen über die Möglichkeiten, Kredite abzusichern. In dieser Übung sind allerdings schon die Antworten vorgegeben – Sie müssen diesmal die passenden Fragen formulieren.**

Beispiel:

Antwort: Wenn Vermögensgegenstände als Sicherheit beim Kreditgeber aufbewahrt werden.
→ **Frage:** In welchem Fall spricht man von einem Faustpfandkredit?

Antworten:

1. Antwort: Die Gläubigerin/Der Gläubiger kann in diesem Fall den Gegenstand, der zur Sicherheit dient, verkaufen.
→ **Frage:**

2. Antwort: Autos, Schmuck, Wertpapiere
→ **Frage:**

3. Antwort: Die Kreditnehmerin/Der Kreditnehmer kann sich kurzfristig Geld leihen und bekommt das Pfand nach Rückzahlung des Kredites wieder zurück.
→ **Frage:**

4. Antwort: Die Kreditnehmerin/Der Kreditnehmer kann den sicherungsübereigneten Gegenstand nutzen.
→ **Frage:**

5. Antwort: Maschinen, Lkw oder Pkw
→ **Frage:**

6. Antwort: Der Gegenstand könnte verkauft oder unbrauchbar werden.
→ **Frage:**

7. Antwort: Hier dient ein Grundstück (eine Immobilie) als Kreditsicherheit.
→ **Frage:**

8. Antwort: Die Grundschuld wird in das Grundbuch beim Amtsgericht eingetragen.
→ **Frage:**

9. Antwort: Sie eignet sich zur Absicherung von langfristigen Krediten oder auch eines Kontokorrentkredites.
→ **Frage:**

ARBEITSAUFTRAG 9: **Markieren Sie die richtigen Antworten. Beachten Sie, dass auch mehrere Lösungen richtig sein können.**

1. Wie wird ein Personalkredit abgesichert?

a) durch die Person der Kreditnehmerin/des Kreditnehmers	b) Er muss nie abgesichert werden.
c) nur das Geldvermögen der Kreditnehmerin/des Kreditnehmers	d) durch eine Bürgin/einen Bürgen

2. Zwischen welchen Parteien wird ein Bürgschaftsvertrag geschlossen?

a) zwischen Bürginnen/Bürgen und Schuldner/-innen	b) zwischen Schuldner/-innen und Gläubiger/-innen
c) zwischen Bank und Bürginnen/Bürgen	d) zwischen Bürginnen/Bürgen

3. Wo sind die Regelungen zum Bürgschaftsvertrag zu finden?

a) im Bürgschaftsgesetz	b) im Grundgesetz
c) im Handelsgesetzbuch	d) im Bürgerlichen Gesetzbuch

4. Wer zahlt die Zinsen und die Tilgung des aufgenommenen Kredites im Normalfall zurück?

a) Gläubiger/-in	b) Bürgin/Bürge
c) Schuldner/-in	d) Schuldner/-in und Bürgin/Bürge je zur Hälfte

5. Wann erlischt die Bürgschaft?

a) wenn die Schulden bezahlt sind	b) wenn die Bürgin/der Bürge ohne Erbinnen/Erben verstirbt
c) nach dem vereinbarten Zeitraum	d) wenn der Kreditgeber auf Rückzahlung verzichtet

ARBEITSAUFTRAG 10: **Füllen Sie die Lücken im unten stehenden Text. Verwenden Sie die nachfolgenden Begriffe.**

selbstschuldnerischen Bürgschaft – Kreditnehmerin/Kreditnehmers – Gläubiger/-in – Forderung – Ausfallbürgschaft –Zwangsvollstreckung – zurückzuverlangen – Schuldnerin/Schuldners – Bürgschaft – Gläubiger/-in – Bürgin/Bürge

Die .... ist ein Vertrag, durch den sich die Bürgin/der Bürge verpflichtet, der/dem .... für die Erfüllung der Schulden der/des .... einzustehen. Es wird zwischen der .... und der .... unterschieden. Der Unterschied besteht darin, dass die/der .... bei der selbstschuldnerischen Bürgschaft sofort für die Verbindlichkeiten der Schuldnerin/des Schuldners geradestehen muss. Bei der Ausfallbürgschaft kann die/der .... erst auf die Bürgin/den Bürgen zukommen, wenn sie/er ohne Erfolg eine .... bei der Schuldnerin/dem Schuldner durchgeführt hat. Die Bürgschaft erlischt, wenn die Schuldnerin/der Schuldner die komplette .... erhalten hat. Wenn die

Bürgin/der Bürge anstelle der/des .... für die Verbindlichkeit zahlen musste, hat sie/er das Recht, das Geld ....

Anforderungssituation 9.1

4 Verschuldung und Überschuldung; Insolvenzverfahren

ARBEITSAUFTRAG 1: Erklären Sie mit eigenen Worten die nachfolgenden Begriffe.

Verschuldung = ...

....

....

Überschuldung = ...

....

....

ARBEITSAUFTRAG 2: Ordnen Sie zu, ob es sich bei den folgenden Gründen für Überschuldung eher um Gründe handelt, die bei Privatpersonen auftreten, oder um Gründe, die eher Unternehmen betreffen.

Gründe für Überschuldung ...	... bei Haushalten	... bei Unternehmen
Man möchte immer nur teure Markenware kaufen, obwohl man es sich nicht immer leisten kann.		
Der Geschäftsführer verstirbt, ein Nachfolger ist so schnell nicht zu finden.		
Aufgrund von Arbeitslosigkeit sinken die monatlichen Einnahmen beträchtlich.		
Die hohen Kosten können über die Umsätze nicht mehr gedeckt werden.		
Die zukünftigen Einnahmen werden viel zu hoch eingeschätzt.		
Aus Langeweile oder weil man nicht anders kann, kauft man täglich über das Internet nutzlose Dinge ein.		
Die niedrigen Preise der Konkurrenz zwingen zu Preissenkungen, wodurch die Umsätze zurückgehen.		
Der Lohn oder das Gehalt deckt die laufenden Kosten nicht.		
Man haftet als Bürgin/Bürge für die Schulden von Verwandten oder Bekannten.		
Aufgrund von Unerfahrenheit kommt es zu Fehlentscheidungen im Management.		

Gründe für Überschuldung ...	... bei Haushalten	... bei Unternehmen
Hohe Schulden aus der Vergangenheit können nicht zurückgezahlt werden.		
Man hat nie gelernt, mit Geld umzugehen (z. B. dass die Einnahmen immer höher als die Ausgaben sein sollen).		

ARBEITSAUFTRAG 3: **Das Insolvenzverfahren für Verbraucher (Privatleute) läuft nach einem bestimmten Schema ab. Ergänzen Sie das unten stehende Schema mithilfe der Informationen aus dem Lehrbuch und den nachfolgenden Begriffen.**

Insolvenzverfahren – Wohlverhaltensphase – Privatperson – Zahlungsziele – Gläubigerinnen/Gläubigern – Verbraucherinsolvenz – Arbeitnehmende – Schulden – Versuch – Restschulden – Treuhänder/-in – Schuldnerin/Schuldners – Amtsgericht – Stundung – Gläubigerinnen/Gläubigern

Ablauf der Verbraucherinsolvenz

Schritt 1	Versuch der ...., sich aufgrund von Zahlungsschwierigkeiten mit den .... zu einigen (z. B. durch ...., kleine Rückzahlungsraten, längere .... oder Ähnliches).
↓	
Schritt 2	.... der Einigung mit den .... scheitert.
↓	
Schritt 3	Beantragung der .... durch Privatpersonen (Rentner/-innen, ..., Beamte usw.) beim ....
↓	
Schritt 4	.... (Liquidation des Vermögens der/des .... und Versuch, möglichst viele Schulden zu bezahlen).
↓	
Schritt 5	Wohlverhaltensphase (Schuldner/-in nimmt keine neuen .... auf; wird durch eine/einen .... kontrolliert).
↓	
Schritt 6	Streichung der .... am Ende der ....

An der Wertschöpfung einer Volkswirtschaft mitwirken

Anforderungssituation 10.1

1 Volkswirtschaftliche Produktionsfaktoren

ARBEITSAUFTRAG 1: **Erinnern Sie sich an den Satz: „Unter dem Produktionsfaktor Boden versteht man die zu wirtschaftlichen Zwecken genutzte Natur." In welcher Form wird der Boden in Deutschland am meisten genutzt?**

Lösen Sie dazu das nachfolgende Rätsel.

a) Von welcher Abbauform spricht man bei der Braunkohle?
b) Wenn man nur wenig Geld zur Verfügung hat, fühlt man sich wie?
c) Welche Himmelsrichtung liegt dem Westen gegenüber?
d) Wie heißt der Berg, der die Silhouette von Kapstadt prägt?
e) Wie heißt die wohl reichste und gleichzeitig geizigste Ente mit Vornamen?
f) Aus welchem Material sind die Anzüge, die man beim Tauchen nutzt?
g) Welche Stadt wird als die „Ewige" bezeichnet?
h) Wie heißt die italienische Nachbarinsel des französischen Korsika?

a)								–	–
b)				–	–	–	–	–	–
c)						–	–	–	–
d)									
e)									–
f)								–	–
g)				–	–	–	–	–	–
h)									

Setzen Sie aus den gelösten Wörtern die gewünschten Buchstaben ein (z. B. a) 2 = a):

a) 2	b) 2	c) 3	d) 1	e) 1	f) 1	g) 2	h) 1

Das Lösungswort ergibt sich aus der Sortierung: h, d, a, f, e, g, b und c und lautet:

ARBEITSAUFTRAG 2: **Setzen Sie die fehlenden Begriffe in die Lücken des nachfolgenden Textes ein.**

Der Produktionsfaktor Kapital wird als .... oder .... Produktionsfaktor bezeichnet. Voraussetzungen für die Kapitalbildung sind .... und .... des Gesparten.

Anforderungssituation 10.1

2 Volkswirtschaftliche Leistungserstellungsprozesse als Kombination von Produktionsfaktoren; Wertschöpfung

ARBEITSAUFTRAG 1: Setzen Sie die fehlenden Begriffe in die Lücken des nachfolgenden Textes ein bzw. definieren Sie die vorgegebenen Begriffe.

Das .... Prinzip wird folgendermaßen formuliert:

a) Minimalprinzip = ...

....

b) Maximalprinzip = ...

....

c) Überschussprinzip = ...

....

Beim Minimal- und Maximalprinzip ist jeweils .... Größe gegeben und die jeweils zweite Größe ....

Beim Überschussprinzip sind beide Größen ...., aber .... zur gleichen Zeit, sondern unter Berücksichtigung einer zeitlichen Verzögerung.

ARBEITSAUFTRAG 2: Sie haben sicher schon den Satz gehört: „Männer und Frauen werden für die gleiche Arbeit unterschiedlich entlohnt."

Ist dieser Satz in allen Fällen richtig? Erinnern Sie sich dazu an die Einteilung der Erwerbstätigen in Lernfeld 10 Kapitel 1.1 des Lehrbuches.

Einteilung der Erwerbstätigen:

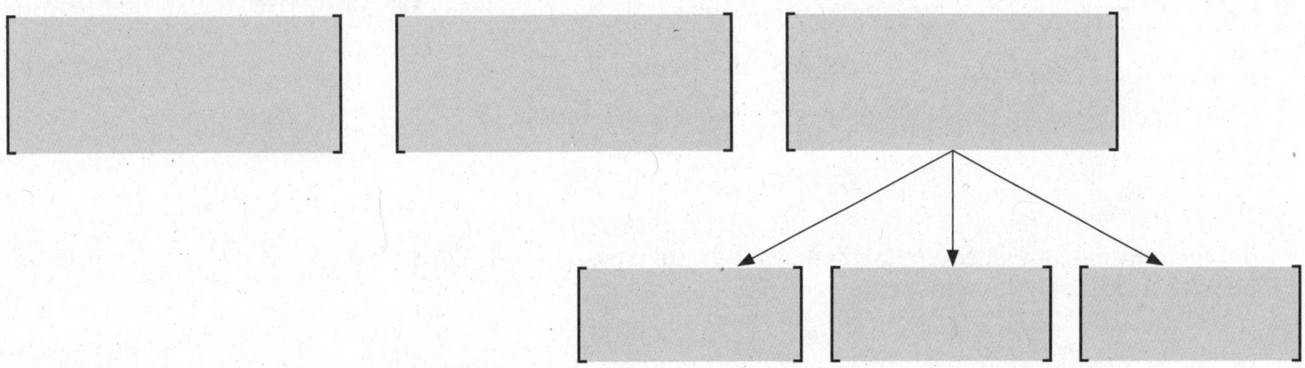

Entlohnung der erwerbstätigen Gruppen:

Gruppen	Anzahl	Frauen	Männer
Selbstständige	ca. 4,6 Mio.		
Mithelfende Familienangehörige			
Beamtinnen/Beamte	ca. 37,8 Mio.		
Angestellte			
Arbeiter/-innen			

Der Satz ist ....

....

....

Anforderungssituation 10.1

3 Wirtschaftskreislauf

ARBEITSAUFTRAG: **Ergänzen Sie die richtigen Begriffe im nachfolgenden Text. Die korrekte Buchstabenzahl ist in Klammern vorgegeben.**

Der Wirtschaftskreislauf ist ein volkswirtschaftliches .... (6) und funktioniert nur unter bestimmten Vereinfachungen oder Voraussetzungen, die man als .... (9) bezeichnet.

Für den einfachen Wirtschaftskreislauf aus Lernfeld 10 Kapitel 3.2 des Lehrbuches gelten folgende Prämissen:

a) Wir betrachten nur die wirtschaftlichen Beziehungen zwischen .... (11) und .... (10); die Beziehungen dieser beiden zum .... (5) oder zum Ausland [.................................. (7) und .... (7)] bleiben unberücksichtigt.

b) Das gesamte .... (9) wird ausgegeben, man sagt auch .... (10), es wird also weder .... (7) noch investiert.

c) Wir lassen außer Acht, dass eine .... (10) vergeht, bis das, was produziert worden ist, auch konsumiert wird.

Wenn wir nun den erweiterten Wirtschaftskreislauf darstellen wollen, müssen wir die eben genannte Prämisse b) aufheben (lassen aber a) und c) unverändert).

Wir unterstellen somit, dass die Haushalte .... (6) und die .... (11) investieren.

Unter welcher zusätzlichen Prämisse ist schließlich die Grafik „Erweiterter Wirtschaftskreislauf" zustande gekommen?

Lösung: Wir unterstellen, dass die .... (20)

(u. a. Banken) die gesamten Ersparnisse der Banken an die Unternehmen weitergeben, sodass .... (6)

gleich .... (11) ist. Nun sind wir der Realität schon etwas nähergekommen;

Staat und Ausland werden dann noch an anderer Stelle unter anderen Aspekten behandelt.

Anforderungssituation 10.1

4 Vereinfachte Grundstrukturen der volkswirtschaftlichen Gesamtrechnung

ARBEITSAUFTRAG: **Markieren Sie im nachfolgendem Text die eingestreuten Fehler und ersetzen Sie diese durch die korrekten Begriffe. Ergänzen Sie zudem die fehlenden Begriffe in den vorgegebenen Zeilen/Kästchen, die Anzahl der Buchstaben ist in Klammern vorgegeben.**

Wir haben gelernt, dass die Wertschöpfung in einer Volkswirtschaft auf vier verschiedene Arten erfasst werden kann.

Korrektur: ....

Der Mensch hat Bedarf, der durch Güter befriedigt wird.

Korrektur: ....

Obwohl es viele freie Güter gibt, müssen zudem noch die übrigen – die knappen Güter – hergestellt werden.

Korrektur: ....

....

In unserer Wirtschaft werden Güter in erster Linie von Unternehmen erstellt. Statistisch werden die Unternehmen eingeteilt in:

a) ....

b) ....

c) ....

d) ....

e) ....

Die Summe dieser Werte – inkl. der Werte der öffentlichen und privaten Dienstleister – ist der

.... (15) unserer Volkswirtschaft. Diese Summe enthält eine Vielzahl von Doppelzählungen, weil zwischen den einzelnen Unternehmen auch Güter ausgetauscht werden. Man arbeitet hier u. a. mit dem Begriff „Vorleistungen".

Zieht man nun die Vorleistungen vom Produktionswert ab, so erhält man die .... (19).

Diese wird nach Wirtschaftsbereichen vom .... (13) .... (9) für Deutschland erfasst.

In unseren Grenzen produzieren nicht nur deutsche, sondern auch ausländische Unternehmen; man spricht in diesem Zusammenhang von einer Abgrenzung nach dem .... (15) oder dem Inlandskonzept.

Die so erfassten Leistungen werden als .... (14) bezeichnet.

Deutsche können aber auch neben dem Gehalt im Inland Einkünfte aus dem Ausland beziehen, man spricht hier von einem sog. Inländerkonzept, einer Abgrenzung nach .... (20), die auch Nationaleinkommen oder .... (14) genannt wird.

Anforderungssituation 10.1

5 Bruttoinlandsprodukt als Maßstab zur Wohlstandsmessung

ARBEITSAUFTRAG: **Suchen Sie in den nachfolgenden Aussagen die eingestreuten Fehler und ersetzen Sie diese durch die korrekten Begriffe. Beantworten Sie außerdem die offenen Fragen in den vorgegebenen Zeilen.**

a) Wie nennt man eine Person, die in der sog. Schattenwirtschaft arbeitet?

Lösung: .... (19).

b) Das Bruttoinlandsprodukt vernachlässigt wichtige Vorgänge, die für den Wohlstand von Bedeutung sind. Es ist demnach als Wohlstandsmaßstab .... (2 Wörter).

c) Das BIP erfasst Vorgänge, die in Wirklichkeit keine Wohlstandsmehrung bedeuten. Es ist also als Wohlstandsmaßstab .... (2 Wörter).

d) Warum kann man Freizeit nicht allgemeinverbindlich bewerten?

Weil es keinen offiziellen .... (5) für Freiheit gibt.

e) Was geschieht mit dem BIP, wenn ein Junggeselle seine Hausangestellte heiratet?

Lösung: ....

f) Erinnern Sie sich an das Beispiel mit der neu aufgestellten Parkuhr. Das BIP steigt zweifelsfrei, wie aber wirkt sich diese Situation auf den Wohlstand aus?

Lösung: ....

g) Nennen Sie einen sozialen Indikator für die Qualität der Hochschulbildung.

Lösung: ....

h) Als Instrument zur Ermittlung der .... (14) in der Gesellschaft ist das BIP wenig geeignet, denn das Wachstum des BIP und damit des .... (11) Lebensstandards bedeutet nicht notwendigerweise eine .... (12) der Lebensqualität.

Anforderungssituation 10.1

6 Rolle des Staates in der sozialen Marktwirtschaft

ARBEITSAUFTRAG 1: **Finden Sie die Fehler in den nachfolgenden Aussagen und tragen Sie die korrigierte Aussage in die Zeilen ein. Ergänzen Sie zudem die gesuchten Begriffe.**

a) In einer Marktwirtschaft soll der Staat stets in die Preisbildung eingreifen.

Lösung: In einer Marktwirtschaft sollen ....

....

....

b) Was würde durch staatliche Eingriffe ausgeschaltet?

Lösung: ....

c) Staatliche Eingriffe sollten eigentlich nur dort angewendet werden, wo die marktgemäße Preisbildung nicht funktioniert oder wo man ihre Ergebnisse besonders wünscht.

Lösung: ....

....

....

d) Möglichkeiten des Staates, in den Preisbildungsprozess einzugreifen, sind:

(1) ....

(2) ....

(3) ....

e) Aus welchem Grund könnte der Staat vorübergehend einen Mindestpreis für Milch festsetzen?

Kurzfristig zum Schutz der .... (15), mittelfristig jedoch mit dem Ziel der Umstrukturierung von Milchwirtschaft auf .... (10) Landwirtschaftsbereiche.

ARBEITSAUFTRAG 2: Setzen Sie die fehlenden Begriffe in die Lücken des nachfolgenden Textes ein. Die Buchstabenanzahl der jeweiligen Begriffe ist in Klammern angegeben.

Dem Staat steht es z. B. frei, jederzeit selbst am Markt als .... (10) oder .... (8) aufzutreten. Durch eine .... (7) Nachfrage kann er Preise .... (7), durch ein erhöhtes Angebot z. B. die Lage auf dem Arbeitsmarkt entspannen. Entscheidend ist das .... (15) der Wirtschaftspolitik der deutschen Bundesregierung.

Anforderungssituation 10.1

7 Verteilung des Volkseinkommens

ARBEITSAUFTRAG 1: Setzen Sie die fehlenden Begriffe in die Lücken des nachfolgenden Textes ein. Die Buchstabenanzahl der jeweiligen Begriffe ist in Klammern angegeben.

Bezüglich der Primärverteilung spricht man einerseits von Bezieherinnen oder Beziehern von .... (19) und andererseits von Bezieherinnen oder Beziehern von .... (12) und .... (18) (3 Wörter). Bei dieser Verteilung wird das Einkommen den Produktionsfaktoren .... (3 Wörter) zur Erstellung des BIP zugewiesen.

ARBEITSAUFTRAG 2: Suchen Sie im nachfolgenden Text die eingestreuten Fehler und ersetzen Sie diese durch die korrekten Begriffe. Ergänzen Sie zudem die fehlenden Begriffe. Die Buchstabenanzahl der jeweiligen Begriffe ist in Klammern angegeben.

a) Statistisch gesehen gibt es nur zwei Arten der Verteilung des Volkseinkommens:

(1) ....

(2) ....

b) Man nennt diese Art der Einkommensverteilung auch .... (16).

In diesen Verteilungsprozess greift der Staat ein, wenn diese erste Einkommensverteilung zu .... (13) Ergebnissen führt.

c) Wie nennt man Übertragungen des Staates an die Haushalte, die ohne Gegenleistungen gezahlt werden?

Lösung: ....

Nennen Sie mindestens drei Beispiele hierzu:

Lösung: z. B. ....

....

d) Kennen Sie auch die Bezeichnung vergleichbarer Übertragungen des Staates an Unternehmen?

Lösung: ....

Bei der Primärverteilung wird z. B. den Arbeitnehmenden das Einkommen zugewiesen, das ihnen für

....(2 Wörter) zur Erstellung des Sozialprodukts zusteht;

durch die staatliche Umverteilung erhalten sie dann das ....(10)

.... (14) (2 Wörter), das für den privaten Verbrauch

ausgegeben oder gespart werden kann.

Wertströme erfassen, dokumentieren, aufbereiten und auswerten

Anforderungssituation 11.1

1 Grundlagen der Buchführung

1.1 Auflistung privater Vermögensgegenstände und Schulden

Das ist zu tun:

S. 473

1.

Vermögensgegenstand	Einzelwert	Summen
Technische Geräte PC Smartphone		
Zu 3.: Summe Vermögen		

2.

Schulden	Einzelwert	Summen
zu 3.: Summe Schulden		

4. Ermittlung des Gesamtvermögens:

Summe Vermögen	€
– Summe Schulden	€
= Reinvermögen	€

1.2 Inventur

Das ist zu tun:

2. Dinge, die bei einer Inventur erfasst werden müssen:

! S. 475

• Grundstücke	• ....
• Betriebsgebäude und Lagerhallen	• ....
• Firmen-Pkw	• ....
•	• ....
•	• ....
•	• ....
•	• ....
•	• ....
•	• ....
•	• ....
•	• ....
•	• ....
•	• ....
•	• ....

Aufgaben zur Wiederholung:

1.

S. 475/476

Wirtschaftsgut	Empfohlene Inventurart
a) Kassenbestand	
b) Bankguthaben	
c) Forderungen (offene Rechnungen der Kundinnen/ Kunden)	
d) Warenbestand	
e) Verbindlichkeiten (offene Rechnungen bei den Lieferbetrieben)	
f) Bestand an Geschäftsausstattung	
g) Fuhrpark des Unternehmens	
h) Darlehensschulden bei der Bank	

2.

a) **Berechnung des Gesamtwertes:**

Moritz Wagner Mediaworld e. K.		Inventurliste Nr. 19	Datum 29.12.20..	Abteilung/Lagerort Lagerplatz 3/14	
Warengruppe	**Artikelnummer**	**Artikelbezeichnung**	**Einzelpreis**	**Stück**	**Gesamtwert**
3	C 3001	Saltero Foto-Center	37,00	97	
3	C 3003	USB-Speicher 500 GB	29,00	156	
3	C 3004	USB-Stick 32 GB	9,00	123	
3	C 3006	Salem Multi-Brenner	23,00	88	
3	C 3007	Speedy-Computermaus	1,80	365	

b) **Inventurart:** .... **Bestand des Artikels C 3 003:** .... **Stück**

1.3 Inventar

! S. 478

Das ist zu tun:

Inventar zum 31.12.20.. Moritz Wagner Mediaworld e. K., Krefelder Straße 92, 47226 Duisburg		
A Vermögen I. Anlagevermögen II. Umlaufvermögen Summe der Vermögensgegenstände		
B Schulden Summe der Schulden C Reinvermögen (Eigenkapital)		

Aufgaben zur Wiederholung:

S. 479/480

3. a) und b)

Anlagevermögen			
Summe: €	**Summe: €**	**Summe: €**	**Summe: €**

c)

Gesamtvermögen:	Gesamtschulden:	Reinvermögen:

5.

a)

Inventar zum 31.12.20.. Heinz Lamprecht e. K., Bismarckstraße 18–20, 65428 Rüsselsheim		
A Vermögen I. Anlagevermögen II. Umlaufvermögen Summe der Vermögensgegenstände		
B Schulden Summe der Schulden C Reinvermögen (Eigenkapital)		

b) **Unternehmenserfolg der Heinz Lamprecht e. K.:**

Reinvermögen im Vorjahr:	Veränderung des Reinvermögens:

1.4 Bilanz

S. 482

Das ist zu tun:

2. **Bilanz der Mediaworld e. K.:**

Aktiva	Bilanz	Passiva
I. Anlagevermögen		**I. Eigenkapital**
		II. Fremdkapital
II. Umlaufvermögen		

S. 484/485

Aufgaben zur Wiederholung:

3.

Aktiva	Bilanz	Passiva
I. Anlagevermögen		**I. Eigenkapital**
		II. Fremdkapital
II. Umlaufvermögen		

4.

Aktiva	Bilanz Heinz Lamprecht e. K.	Passiva
I. Anlagevermögen		**I. Eigenkapital**
		II. Fremdkapital
II. Umlaufvermögen		

Aufgaben zur Vertiefung:

S. 486/487

1.

Inventur	Inventar	Bilanz
Inventur = mengen- und wertmäßige Bestandsaufnahme aller Vermögensteile und Schulden eines Unternehmens zu einem bestimmten Zeitpunkt	Inventar = ...	Bilanz = ...

2. a)

Inventar Kurt Wächter e. K., Fernseh- und Hi-Fi-Fachhandel, Hauptmannweg 23, 44147 Dortmund		
A Vermögen **I. Anlagevermögen** **II. Umlaufvermögen** **Summe der Vermögensgegenstände**		
B Schulden **Summe der Schulden** **C Reinvermögen (Eigenkapital)**		

b)

Aktiva	Bilanz Kurt Wächter e. K.		Passiva
I. Anlagevermögen		I. Eigenkapital	
		II. Fremdkapital	
II. Umlaufvermögen			

Anforderungssituation 11.1

2 Technik der doppelten Buchführung

2.1 Eröffnungsbilanz und Bestandskonten eröffnen

Das ist zu tun:

S. 488

1. und 2.

S	BGA		H
EBK	20.000,00		

S	Eigenkapital		H

S			H

S			H

S			H

S			H

S			H

3.

Soll	Eröffnungsbilanzkonto		Haben
Eigenkapital		BGA	

Aufgaben zur Wiederholung:

S. 491

1.

Soll	Eröffnungsbilanzkonto	Haben
Eigenkapital		Grundstücke

S	Grundstücke	H
EBK	120.000,00	

S	Eigenkapital	H
		EBK

S	Gebäude	H

S	Darlehen	H

S		H

S		H

S		H

S		H

S		H

S		H

S		H

2. und 3.

	Bestandskonto	Aktiv oder Passivkonto?	Anfangsbestand: Soll- oder Habenseite?
a)	Darlehen		
b)	Bank		
c)	Warenbestand		
d)	Kasse		
e)	Betriebs- und Geschäftsausstattung		
f)	Gebäude		
g)	Verbindlichkeiten a. LL.		
h)	Fuhrpark		
i)	Forderungen a. LL.		
j)	Eigenkapital		
k)	Grundstücke		

2.2 Buchen auf Bestandskonten

!
S. 492

Das ist zu tun:

1. Auflösung der Bilanz der „Bastian Lenz GmbH" in Bestandskonten:

S	BGA	H
EBK	20.000,00	

S	Eigenkapital	H
		EBK

S	Warenbestand	H

S		H

S		H

S		H

S		H

2. Beantwortung der Fragen des Notizzettels:

Geschäftsfall Nr.	Kontenbezeichnung	Art der Veränderung	Aktiv-/ Passivkonten	Soll/Haben
1				
2				
3				

Aufgaben zur Wiederholung:

S. 494/495

1.

Geschäftsfall Nr.	Kontenbezeichnung	Art der Veränderung	Aktiv-/ Passivkonten	Soll/Haben
1				
2				
3				
4				
5				
6				
7				
8				

2.

S	Fuhrpark	H
EBK	87.800,00	

S	Eigenkapital	H

S		H

S		H

S		H

S		H

S		H

S		H

3.

Soll	Eröffnungsbilanzkonto		Haben
Eigenkapital	465.000,00	Grundstücke und Gebäude	

S Grundstücke und Gebäude	H
EBK	

S	H

S	H

S	H

S	H

S	H

S	H

S	H

S	H

2.3 Anweisung zum Buchen: der Buchungssatz

Aufgaben zur Wiederholung:

S. 499/500

3. a) und b)

S Grundstücke	H
EBK 94.200,00	

S Darlehen	H

S Fuhrpark	H

S Verbindlichkeiten a. LL.	H

S BGA	H

S	Forderungen a. LL.	H

S	Bank	H

S	Kasse	H

4. b) Buchen in den Konten:

S	BGA	H
EBK	9.800,00	

S	Verbindlichkeiten a. LL.	H

S	Bank	H

S	Kasse	H

2.4 Bestandskonten abschließen und Schlussbilanzkonto

! S. 501

Das ist zu tun:

1. Der Bestand beträgt: .... €.

2.

1. Schritt: ....

2. Schritt: ....

3. Schritt: ....

3. Kontenabschluss

S		Bank	H
AB	5.000,00	❷ BGA	1.000,00
❶ Kasse	500,00		
❸ Forderungen	2.000,00		

Aufgaben zur Wiederholung:

S. 504-506

1.

a)

S	Eigenkapital		H
		EBK	320.000,00

b)

S	Grundstücke		H
EBK	120.000,00		
① Bank	45.000,00		

c)

S	Betriebs- und Geschäftsausstattung		H
EBK	30.210,00		
① Verb.	2.120,00		
② Kasse	830,00		

d)

S	Darlehen		H
① Bank	150.000,00	EBK	460.000,00
② Bank	75.000,00		

e)

S	Bank		H
EBK	13.000,00	③ Verb.	9.400,00
② Ford.	3.600,00	⑥ Verb.	8.600,00
⑤ Kasse	850,00		

f)

S	Verbindlichkeiten a. LL.		H
④ Kasse	500,00	EBK	125.600,00
		① Fuhrp.	25.000,00

g)

S	Kasse		H
EBK	5.500,00	① BGA	3.400,00
② Bank	1.200,00	③ BGA	3.299,00

h)

S	Forderungen a. LL.		H
EBK	3.500,00	① Bank	1.250,00
		③ Bank	1.500,00

2.

S	Fuhrpark		H
EBK	22.000,00		

S	Darlehen		H
		EBK	41.000,00

S	BGA		H
EBK	4.900,00		

S	Verbindlichkeiten a. LL.		H
		EBK	9.200,00

S	Bank	H
EBK	88.000,00	

S	Kasse	H
EBK	7.000,00	

3. b) und c) Kontenabschluss

S	Grundstücke und Gebäude	H
EBK	207.900,00	

S	Eigenkapital	H
	EBK	120.500,00

S	BGA	H
EBK	14.500,00	

S	Darlehen	H
	EBK	98.300,00

S	Forderungen a. LL.	H
EBK	5.200,00	

S	Verbindlichkeiten a. LL.	H
	EBK	43.400,00

S	Bank	H
EBK	33.900,00	

S	Kasse	H
EBK	700,00	

4. a)

Soll	Eröffnungsbilanzkonto	Haben

d)

S	BGA	H
EBK	25.000,00	

S	Eigenkapital	H
	EBK	36.500,00

S	Warenbestand	H

S	Darlehen	H

S	Forderungen a. LL.	H

S	Verbindlichkeiten a. LL.	H

S	Bank	H

S	Kasse	H

e)

Soll	Schlussbilanzkonto	Haben

5. a)

Soll	Eröffnungsbilanzkonto		Haben
Eigenkapital	125.000,00	Grundstücke und Gebäude	

c) bis e)

S	Grundstücke und Gebäude		H
EBK	200.000,00		

S	Eigenkapital		H
		EBK	125.000,00

S	Fuhrpark		H
EBK	50.100,00		

S	Darlehen		H
		EBK	247.550,00

S	Betriebs- und Geschäftsausstattung		H
EBK	26.700,00		

S	Verbindlichkeiten a. LL.		H
		EBK	45.900,00

S	Forderungen a. LL.		H
EBK	8.600,00		

S	Kasse		H
EBK	9.250,00		

S	Bank		H
EBK	123.800,00		

f)

Soll	Schlussbilanzkonto	Haben

2.5 Erfolgskonten

2.5.1 Aufwendungen und Erträge als Minderung/Mehrung des Eigenkapitals

Aufgaben zur Wiederholung:

2.

S. 510

Soll	Eigenkapital	Haben
	EBK	200.000,00

2.5.2 Buchen von Aufwendungen und Erträgen auf Erfolgskonten

Das ist zu tun:

2.

!

S. 511/512

Geschäftsfall	Aufwand	Ertrag
a) Einkauf von Büromaterial (90,00 €), Bezahlung per Bankscheck		
b) Einkauf von Ware (10.000,00 €), Bezahlung per Bankscheck		
c) Warenverkauf per Verrechnungsscheck (19.000,00 €)		
d) Kontogutschrift für die Miete eines vermieteten Gabelstaplers (200,00 €)		
e) Einkauf von Ware (1.500,00 €), Bezahlung per Verrechnungsscheck		
f) Übergabe von Provisionserträgen (2.000,00 €) per Bankscheck		

3. und 5.

S	Wareneingang	H

S	Umsatzerlöse	H

S	Büromaterial	H

S	Mieterträge	H

S	Bank	H
EBK	13.000,00	

S	Provisionserträge	H

S. 515

Aufgaben zur Wiederholung:

4. a) und c)

S	Bank	H
EBK		

S	Wareneingang	H

S	Kasse	H

S	Büromaterial	H

S	Mietaufwendungen	H

S	Zinserträge	H

S	Löhne	H

S	Umsatzerlöse für Waren	H

2.5.3 Erfolgskonten abschließen – das Gewinn- und Verlustkonto

Das ist zu tun:

! S. 516

1. und 2.

S	Wareneingang		H
❶ Bank	10.490,00		
❽ Verbindl.	2.400,00		

S	Umsatzerlöse		H
		❷ Bank	17.800,00
		❺ Forderungen	6.770,00
		❼ Forderungen	8.120,00

S	Löhne		H
❶ Bank	11.200,00		
❾ Bank	1.500,00		

S	Mieterträge		H
		❹ Bank	1.350,00

S	Zinsaufwendungen		H
❿ Bank	145,00		

S	Provisionserträge		H
		❻ Kasse	500,00

3.

Soll	Gewinn- und Verlustkonto		Haben
Wareneingang	12.890,00		

Aufgabe zur Wiederholung:

S. 518

S	Wareneingang		H
❸ Verb.	1.850,00		
❾ Bank	3.400,00		

S	Umsatzerlöse		H
		❶ Ford.	9.700,00
		❺ Kasse	200,00
		❼ Ford.	7.220,00

S	Gehälter		H
❷ Bank	7.250,00		

S	Mieterträge		H
		❿ Bank	2.050,00
		⓭ Bank	210,00

S	Vertriebsprovisionen		H
❻ Kasse	250,00		
⓫ Kasse	150,00		
	400,00		

S	Provisionserträge		H
		❹ Kasse	700,00

S	Miete, Pachten		H
⓬ Bank	840,00		

S	Zinserträge		H
		❽ Bank	195,00

Soll	Gewinn- und Verlustkonto		Haben
Wareneingang		Umsatzerlöse	

Aufgaben zur Wiederholung:

S. 520/521

1. a)

Soll	Gewinn- und Verlustkonto		Haben
Wareneingang		Umsatzerlöse	
Gehälter		Mieterträge	
Vertriebsprovisionen		Provisionserträge	
Miete, Pachten		Zinserträge	
Eigenkapital			

2.

Soll	Gewinn- und Verlustkonto		Haben
Wareneingang	11.600,00		

3. c) bis e)

S Wareneingang	H

S Umsatzerlöse	H

S Gehälter	H

S Bank	H

S Löhne	H

S Gewinn- und Verlustkonto	H

S Miete, Pachten	H

Aufgaben zur Vertiefung:

2. a) bis f)

S. 522/523

S BGA	H
EBK 230.000,00	

S Eigenkapital	H
	EBK

S Warenbestand	H

S Verbindlichkeiten a. LL.	H

S Forderungen a. LL.	H

S Postgebühren/Telefon	H

S	Bank	H

S	Fremdinstandsetzung	H

S	Kasse	H

S	Zinserträge	H

S	Schlussbilanzkonto	H

S	Mieterträge	H

S	GuV-Konto	H

3. a)

Soll		Eröffnungsbilanzkonto	Haben
Eigenkapital	490.600,00	Grundstücke	

c) bis g)

S	Grundstücke	H
EBK	400.000,00	

S	Eigenkapital	H
	EBK	

S	Gebäude	H

S	Darlehen	H

S	Fuhrpark	H

S	BGA	H

S	Warenbestand	H

S	Forderungen a. LL.	H

S	Bank	H

S	Kasse	H

S	Verbindlichkeiten a. LL.	H

S	Zinsaufwendungen	H

S	Miete, Pachten	H

S	Löhne	H

S	Postgebühren/Telefon	H

S	Mieterträge	H

S	Wareneingang	H

S	GuV-Konto	H

S	Schlussbilanzkonto	H

Anforderungssituation 11.1

3 Umsatzsteuer

3.3 Vorsteuer beim Wareneinkauf

S. 532/533

Aufgabe zur Wiederholung:

b)

S	Wareneingang	H

S	Umsatzerlöse für Waren	H

S	Vorsteuer	H

S	Umsatzsteuer	H

S	Verbindlichkeiten a. LL.	H

S	Forderungen a. LL.	H

3.4 Vorsteuer bei anderen Aufwendungen und beim Kauf von Anlagegütern

Aufgaben zur Wiederholung:

S. 536

3. b)

S	Wareneingang	H

S	Umsatzerlöse für Waren	H

S	Vorsteuer	H

S	Umsatzsteuer	H

S	Verbindlichkeiten a. LL.	H

S	Forderungen a. LL.	H

S	Bank	H

S	Büromaterial	H

S	Mieten/Pachten	H

3.5 Die Konten Vorsteuer und Umsatzsteuer abschließen

Das ist zu tun:

S. 537

1. bis 3.

S	Vorsteuer		H
❶ Verbindl.	380,00		
❷ Verbindl.	760,00		
❸ Kasse	114,00		
❹ Bank	228,00		
❺ Verbindl.	152,00		
❻ Verbindl.	247,00		
❼ Kasse	38,00		
❽ Verbindl.	133,00		

S		Umsatzsteuer	H
		❶ Ford.	133,00
		❷ Kasse	76,00
		❸ Ford.	1.349,00
		❹ Ford.	171,00
		❺ Ford.	266,00
		❻ Ford.	323,00
		❼ Bank	57,00
		❽ Kasse	19,00
		❾ Ford.	190,00

4. **Buchungssatz:**

....€

an ....€

Aufgaben zur Wiederholung:

S. 542-544

2. a)

S	Vorsteuer	H
Saldo	15.340,00	

S	Umsatzsteuer	H
	Saldo	18.784,00

		Soll	Haben
❶	....	....€	
	an		....€
❷	....	....€	
	an		....€

b)

S	Vorsteuer	H
Saldo	32.290,00	

S	Umsatzsteuer	H
	Saldo	28.980,00

		Soll	Haben
❶	....	....€	
	an		....€
❷	....	....€	
	an		....€

c)

S	Vorsteuer	H
Saldo	23.325,00	

S	Umsatzsteuer	H
	Saldo	31.899,00

		Soll	Haben
❶	.... an	.... €	 .... €
❷	.... an	.... €	 .... €

3.

S	Eröffnungsbilanzkonto		H
Eigenkapital		BGA	13.000,00

S	Eigenkapital		H
		EBK	

S	BGA		H
EBK			

S	Verbindlichkeiten a. LL.	H

S	Forderungen a. LL.	H

S	Umsatzerlöse für Waren	H

S	Bank	H

S	Büromaterial	H

S	Vorsteuer	H

S	Umsatzsteuer	H

S	GuV-Konto	H

S	Schlussbilanzkonto	H

4.

Fuhrpark

S	H

Eigenkapital

S	H

BGA

S	H

Darlehen

S	H

Forderungen a. LL.

S	H

Verbindlichkeiten a. LL.

S	H

Bank

S	H

Umsatzsteuer

S	H

Vorsteuer

S	H

Umsatzerlöse

S	H

Wareneingang

S	H

Mieterträge

S	H

GuV

S	H

SBK

S	H

5.

Grundstücke und Gebäude

S	H
EBK	

Eigenkapital

S	H
	EBK

Fuhrpark

S	H

Darlehen

S	H

BGA

S	H

Verbindlichkeiten a. LL.

S	H

Umsatzsteuer

S	H

Warenbestand

S	H

Umsatzerlöse für Waren

S	H

Forderungen a. LL.

S	H

Mieterträge

S	H

Kasse

S	H

Zinserträge

S	H

GuV

S	H

Bank

S	H

S	Vorsteuer	H

S	SBK	H

S	Wareneingang	H

S	Fremdinstandsetzung	H

S	Löhne	H

Anforderungssituation 11.1

4 Ordnung halten: Organisation der Buchführung

4.1 Grund- und Hauptbuch, Kontokorrentbuch

Aufgaben zur Wiederholung:

S. 547

1.

	Buchungstag	Beleg Nr.	Geschäftsfall	Buchungssatz	Soll	Haben
1.	02.02.20..	ER 45	Wareneinkauf auf Ziel	Wareneingang	1.500,00	
2.						
3.						
4.						
5.						
6.						

	Buchungstag	Beleg Nr.	Geschäftsfall	Buchungssatz	Soll	Haben
7.						
8.						
9.						
10.						

4.2 Kontenrahmen und Kontenplan

Aufgaben zur Wiederholung:

1.

S. 551

1. Banken = _ _ _ _
2. Eigenkapital = _ _ _ _
3. Mieterträge = _ _ _ _
4. Wareneingang = _ _ _ _
5. Geschäftsausstattung = _ _ _ _
6. Löhne = _ _ _ _
7. Büromaterial = _ _ _ _
8. Forderungen a. LL. = _ _ _ _
9. Darlehen = _ _ _ _
10. Vorsteuer = _ _ _ _
11. Kasse = _ _ _ _
12. Verbindlichkeiten a. LL. = _ _ _ _
13. Gehälter = _ _ _ _
14. Provisionserträge = _ _ _ _
15. Umsatzsteuer = _ _ _ _
16. Fuhrpark = _ _ _ _
17. Postgebühren/Telefon = _ _ _ _
18. Zinserträge = _ _ _ _
19. Bebaute Grundstücke = _ _ _ _
20. Zinsaufwendungen = _ _ _ _

4.3 Buchung von Belegen und Belegorganisation

Das ist zu tun:

2.

!
S. 553

Konto	Soll	Haben
Gebucht: ...., Datum:		

Anforderungssituation 11.1

5 Erfassung des Wertverlustes: Abschreibung auf Sachanlagen

5.1 Lineare Abschreibung

S. 560

Das ist zu tun:

7.

Jahr	Wert des Anlagegutes zu Beginn des Geschäftsjahres	Jährlicher Abschreibungsbetrag
1		
2		
3		
4		
5		
6		
7		
8		
9		
10		

S. 564/565

Aufgaben zur Wiederholung:

3. **a)** Abschreibungsbetrag im ersten Jahr = ... €

b) **Abschreibungsplan:**

Jahr	Wert des Anlagegutes zu Beginn des Geschäftsjahres	Jährlicher Abschreibungsbetrag
1		
2		
3		
4		
5		
6		
7		

4. a) Abschreibungsplan für die ersten fünf Jahre:

Jahr	Wert des Anlagegutes zu Beginn des Geschäftsjahres	Jährlicher Abschreibungsbetrag
1		
2		
3		
4		
5		

b) Buchungssatz:

		Soll	Haben
....		.... €	
an			.... €

5. b) bis d)

S	0850 BGA	H
EBK	92.000,00	

S	4400 Verbindlichkeiten a. LL.	H
		EBK

S	2600 Vorsteuer	H

S	6520 Abschreibungen auf SA	H

6.

a) Bei der linearen Abschreibung wird jedes Jahr der .... Betrag abgeschrieben.

b) Bei der Berechnung der Anschaffungskosten wird die Umsatzsteuer .... mit berücksichtigt; die Kosten der Inbetriebnahme .... aber zu den Anschaffungskosten.

c) Mit der Abschreibung wird der .... eines Anlagegutes erfasst. Dieser entsteht durch Nutzungsverschleiß, den .... Verschleiß oder durch den technischen ....

d) Das Konto „Abschreibungen auf Sachanlagen" ist ein ....

e) Das Konto „Abschreibungen auf Sachanlagen" wird über das .... abgeschlossen.

5.2 Besonderheiten bei der Abschreibung auf Sachanlagen

Aufgaben zur Wiederholung:

S. 569-571

1.

Fall	Anlagegut	Kaufdatum	Anschaffungskosten	Abschreibungsbetrag in €
a)	Drucker	12.05.20..	1.050,00 €	
b)	Anhänger	19.09.20..	25.300,00 €	
c)	Büroschrank	17.03.20..	3.600,00 €	
d)	Verkaufstheke	21.10.20..	14.700,00 €	
e)	Notebook	13.12.20..	2.100,00 €	

4.

a)

Soll	Eröffnungsbilanzkonto	Haben
Eigenkapital		

c) bis e)

S	0510 Bebaute Grundstücke	H
EBK		

S	3000 Eigenkapital	H

S	0840 Fuhrpark	H

S	4250 Darlehen	H

S	0850 BGA	H

S	4400 Verbindlichkeiten a. LL.	H

S	0890 GWG	H

S	4800 Umsatzsteuer	H

S	2400 Forderungen a. LL.	H

S	5100 Umsatzerlöse für Waren	H

S	2600 Vorsteuer	H

S	6060 Aufwendungen für Waren	H

S	2800 Bank	H

S	6520 Abschreibungen auf SA	H

S	2880 Kasse	H

S	6800 Büromaterial	H

S	8010 SBK	H

S	8020 GuV	H

Anforderungssituation 11.1

6 Einfache Buchungen zur Erfassung und Dokumentation von Warenströmen in Beschaffung und Absatz

6.1 Buchung von Bezugskosten bei der Beschaffung

Aufgaben zur Wiederholung:

3. b) bis d)

S. 575

S 2400	H

S 4400	H

S 2600	H

S 4800	H

S 6060	H

S 5100	H

S 6061	H

6.2 Warenrücksendungen an Lieferanten

Aufgaben zur Wiederholung:

S. 580-582

4. a) bis d)

S	2600	H
Saldovortrag 39.500,00		

S	4400	H
		Saldovortrag

S	2800	H

S	6060	H

S	6061	H

5. b) bis d)

S	2600	H

S	4400	H

S	2800	H

S	4800	H

S	6060	H

S	5100	H

S	6061	H

6.

S	2280	H

S	3000	H

S	2400	H

S	4400	H

S	2600	H

S	4800	H

S	2800	H

S	5100	H

S	6060	H

S	8020	H

S	6061	H

S	8010	H

6.3 Warenrücksendungen von Kunden

Aufgaben zur Wiederholung:

S. 585/586

2.

S	2400	H
Saldovortrag	9.200,00	

S	4800	H

S	2600	H
Saldovortrag		

S	5100	H

S	2800	H
Saldovortrag		

3. a)

Soll	8000	Haben

c) bis e)

S	0840	H

S	3000	H

S	2280	H

S	4250	H

S	2400	H

S	2600	H

S	2800	H

S	2880	H

S	6060	H

S	6061	H

S	4400	H

S	4800	H

S	5100	H

S	8020	H

S	8010	H

Lernaktionen:

Lernaktion 1

S. 587-589

Einnahmen	Betrag		Ausgaben	Betrag
			Feste Ausgaben	
			Schwankende Ausgaben	

Lernaktion 2

a)

Aktiva	Mediaworld e. K. Schlussbilanz zum 31.12.20..	Passiva
Grundstücke	130.000,00	Eigenkapital

b) und c)

	Anfangsbestand	Endbestand	Veränderung
Vermögen			
Schulden (Fremdkapital)			
Eigenkapital			

Das Eigenkapital ist von .... € auf .... €

gestiegen. Es wurde ein .... von .... € erwirtschaftet.

Anforderungssituation 11.2

1 Abschlussbuchungen und Jahresabschluss

Aufgabe zur Wiederholung:

S. 599/600

d)

0840 Fuhrpark

S			H
EBK	180.000,00		

0860 BGA

S			H
EBK	45.000,00		

2280 Warenbestand

S			H
EBK	80.000,00		

2400 Forderungen

S			H
EBK	44.000,00	EBK	2.500,00
❹ USt, UE	11.900,00		

2800 Bank

S			H
EBK	33.000,00	❶ M/P	2.400,00
❺ Mieterträge	8.000,00	❽ Ust	6.000,00
❼ Forderungen	2.500,00		

2880 Kasse

S			H
EBK	8.000,00	❷ Miete, P.	500,00
❸ Prov.ertr.	3.500,00		

3000 Eigenkapital

S			H
		EBK	336.000,00

4400 Verbindlichkeiten

S			H
		EBK	48.000,00
		❻ WE, VSt	5.950,00

4800 Umsatzsteuer

S			H
❽ Bank	6.000,00	EBK	6.000,00
		❹ Forderungen	1.900,00

2600 Vorsteuer

S			H
❻ Verb.	950,00		

5410 Provisionserträge

S			H
		❸ Kasse	3.500,00

5100 Umsatzerlöse für Waren

S			H
		❹ Forderungen	10.000,00

S	6700 Mieten, Pachten		H
❶ Bank	2.400,00		
❷ Kasse	500,00		

S	8020 GuV	H

S	6060 Wareneingang		H
❻ Verbindl.	5.000,00		

S	8010 SBK	H

S		5400 Mieterträge	H
		❺ Bank	8.000,00

Anforderungssituation 11.2

2 Jahresabschluss auswerten

2.1 Bilanzkennzahlen

Aufgaben zur Wiederholung:

S. 603/604

1.

Aktiva	Strukturbilanz	Passiva
Anlagevermögen		Eigenkapital
Umlaufvermögen		Fremdkapital

3.

a)

	Aktuelles Jahr	Vorjahr
Anlageintensität		
Umlaufintensität		
EK-Quote		
FK-Quote		
Anlagendeckung I		
Liquiditätsgrad		

Lernaktionen:

Lernaktion 1

S. 611-613

1.

Aktiva	Strukturbilanz zur Eröffnungsbilanz	Passiva
Anlagevermögen		Eigenkapital
Umlaufvermögen		Fremdkapital

Aktiva	Strukturbilanz zur Schlussbilanz	Passiva
Anlagevermögen		Eigenkapital
Umlaufvermögen		Fremdkapital

2.

	Eröffnungsbilanz	Schlussbilanz
Anlageintensität		
Umlaufintensität		
EK-Quote		
FK-Quote		
Anlagendeckung I		
Liquiditätsgrad		

Lernaktion 2

3.

Nr.	Die Kennzahl gibt an, ...
	... wie hoch der Prozentanteil des langfristig zur Verfügung stehenden Anlagevermögens am Gesamtvermögen ist. Das Anlagevermögen wird im Unternehmen länger genutzt.
	... wie viel Prozent des Unternehmens aus Fremdkapital (= Schulden) finanziert sind.
	... wie viel Prozent der kurzfristigen Schulden durch vorhandene Zahlungsmittel gedeckt werden können.
	... wie viel Prozent des Unternehmens der Unternehmerin oder dem Unternehmer selbst gehören.
	... wie viel Prozent der kurzfristigen Schulden durch vorhandene Zahlungsmittel und eigene ausstehende Forderungen gedeckt werden können.
	... wie das Verhältnis von Fremdkapital zu Eigenkapital ist.
	... wie viel Prozent des Gesamtvermögens lediglich aus dem kurzfristig zur Verfügung stehenden Umlaufvermögen bestehen.
	... wie viel Prozent der kurzfristigen Schulden durch Zahlungsmittel, kurzfristige Forderungen a. LL. und Warenvorräte gedeckt werden können.